ヨーロッパ文化と日本文化

人間の自己理解から学ぶ

金子晴勇

聖学院大学出版会

はじめに

　わたしが聖学院大学に勤めたのは静岡大学を定年退職した一九九五年で、まだ心身ともに健康であった六三歳の時であった。その半年前に非常勤講師として欧米文化学科の「ヨーロッパ文化概論」を担当したので、この科目を七年間にわたって講義したことになる。その講義内容は、『ヨーロッパの思想文化』（教文館）として一九九九年に出版した。さらに、「ヨーロッパ思想史」の講義をも担当し、この講義内容は、『ヨーロッパ思想の源流』（私家版）としてその前半をとりあえず発表し、その後二二年の歳月をかけ、今年になってようやく、『ヨーロッパ思想史――理性と信仰のダイナミズム』（筑摩書房）として完成させた。

　さらにわたしは講義のほかに、大学の要請に応じて、「一般講演」や研修会の「発題」をも担当した。本書に集めた「講演」と「エッセイ」はそのようなときに語ったものである。したがって、学生諸君と親しく対話し、直接、学生の質問に答えたものが収録されていることが特徴である。

ヨーロッパ文化の研究は、かつてわたしが聖学院大学に勤めていたころは多くの関心が寄せられていた。だが、グローバル化が進んだ今日から見ると、この研究に対する関心がやや薄れてきているかもしれない。それでもヨーロッパ文化の独自な展開は、今なお重要さを失っていないと思われる。とくに日本文化との関連は、これからも継続して考察すべきものと信じている。というのも、他国の文化を通して初めて自国の文化を発展させることができるので、両文化の比較はわたしたちの永遠の課題であるからだ。それゆえ、これからもこのような関心が継続され、いっそう高まることを願って、わたしはこの講演集をまとめてみたいと思うようになった。

本書により何かひとつの鍵となる言葉に学生諸君の心が引かれ、引用の書などを手に取っていただくことになれば幸いである。

目次

第Ⅱ部　エッセイ

第I部
講演

第1講
ヨーロッパ文化と日本文化

はじめに

　聖学院大学では七年間にわたって人文学部の「ヨーロッパ文化概論」の講義を担当してきた。二〇〇二年度は他の教師に代わってもらったが、専任になる前に一年間この講義を担当している。したがってわたしは欧米文化学科の根幹をなす講義を最初からこれまで七年間担当してきたことになる。その講義の終わりに、わたしの聖学院大学での最終講義として、ヨーロッパ文化と日本文化との比較についてお話しすることにしたい。

　ヨーロッパ文化はギリシア思想とキリスト教とが、ゲルマンの歴史において統合と分離を繰り返しながら、独創的な伝統と豊かな思想史を創造的に発展させながら今日に至っている。そのなかでもとくに注目すべき点は、ヨーロッパ文化では神と人間とが人格的に関わり合って生み出される生活様式が、独自の文化の形を創り出しながら定着していることである。これを理解するためにヨーロッパ思想史の研究は意義をもち、とくに文化の基礎と深層とを解く有力な鍵がそれによって与えられる。

わたしが採用してきた研究方法は人間学的なアプローチであった。それは人間の自己理解から多彩な文化的な営みを解釈する試みなのである。このような自己理解の様式も時代とともに変化してきたが、ヨーロッパの歴史に見られる典型的な自己理解の質的変化は、日本文化の特質を対比的に把握する上できわめて有益であるように思われる。

1　ヨーロッパ文化の最大の特質

思想的な内容からその性格を判断するとき、ヨーロッパ文化はギリシア的理性とキリスト教的な霊性との総合として結実してきたといえよう。理性はその研究対象を真・善・美という精神価値に置いているが、霊性はその対象とする宗教的な価値である聖なるものと関係している。この観点からヨーロッパ文化と日本文化は比較できるといえよう。

霊性とは宗教心とも信仰とも言い換えることができるが、聖なるものを把握する認識能力である。この宗教的な霊性が哲学的な理性と統合と分離とを繰り返しながら展開しているところにヨーロッパ文化の特質が認められる。その際、理性にもとづく合理主義ではない、霊性によって統制された理性の働きが絶えず求められてきた。イギリスの宗教詩人テニスンは『イン・メモリアム』のなかで、この理想的な姿を次のように捉えている。

知性に光をあらしめよ、いよいよあかるく、
　心には敬虔《けいけん》の念を宿らしめよ、いよいよ深く。
　知性と霊性とが階調を奏でて、
昔の通りに、そして一層響も大きく　和音をならすために。(1)

ところが日本で実際に採用された明治以来の文教政策は、ヨーロッパの近代文化、しかも霊性を抜きにした科学技術文化の受容にのみ関心を寄せてきた。ここには近代への偏愛もしくは偏向があるといわねばならない。それに対し聖学院大学の建学の理念はこうした傾向に批判的であって、それを厳しく批判し、かつ、修正する基本姿勢に貫かれている。大学の理念には「霊的次元の成熟を柱とした全体的な人間形成」が研究と教育の課題として掲げられている。このように霊性の尊重が「聖学院大学の理念」として掲げられていることはきわめてまれであるのみならず、霊性研究に携わってきたわたし個人にとっても喜ばしいことであった。

2 東西の霊性の比較考察

一般的にいって、霊性には普遍性と特殊性とがある。ヨーロッパ文化が霊性と理性とが対立しながらも総合されて展開するのに対し、総じて日本文化では、たとえば仏教の霊性が理性よりも感性と結びつく傾向を示している。この点は日本的な霊性の頂点をなす浄土宗と浄土真宗および禅宗などでかなり明らかである。たとえば親鸞の『歎異抄』には次のような注目すべき発言が見られる。

しかるに、念仏よりほかに往生の道をも存知し、また法文等をも知りたるらんと、心にくく思し召しおわしましてはんべらんは、大きなる誤りなり。……たとい法然聖人にすかされ参らせて、念仏して地獄におちたりとも、さらに後悔すべからず候。(2)

このように親鸞は念仏のみに徹して霊性を強調するあまり、その他の救いの道一切を排除し、仏法を説き明かす「法文」（教義）の理性的な解明をも排斥する。また、法然上人の歌「あみた仏と心はにしにうつせみの　もぬけはてたるこえそすずしき(3)」には、阿弥陀仏に信心を専心することによって「空蟬《うつせみ》」のように「心身脱落」した心の「涼しさ」を感性的に叙述する。さらに、(4)明恵《みょうえ》上人の歌「あかあかや　あかあかあかや　あかあかや　あかあかあかや　あかあかや月」はいっそう感性的であって、月の光の「明るさが」が心に充満し、それと一体化した「日本の心」（川端康成）を捉えている。それゆえ禅宗の「不立文字《ふりゅうもんじ》」のように「文字」を排除し、文字といっても考案禅のように霊性による悟りに徹している。そこから霊性の論理としての「絶対矛盾的自己同一」と「逆対応」（西田幾太郎）、また「即非の論理」（鈴木大拙）などが説かれた。日本的な霊性は感性と直結して直観的である。これを最も端的に示しているのが芭蕉『おくの細道』の次の有名な一句である。

あら尊と青葉若葉に日の光

この句の前半に霊性が喚起され、後半に感性による表現の現象が起こり、両者が一体となって語られる。これに反しヨーロッパ文化では霊性と理性とが結びついている。そのありようは「理解を求める信仰」（Fides quaerens intellectum.）に端的に示され、「信仰」は霊性を「理解」は理性を言いあらわす。アンセルムスやバルトがこれを主題として神学的な思索を展開する。

3　愛の理解

次に霊性から生まれてくる実践である「愛のわざ」に関しても両文化の相違は大きい。宗教的な行為として「聖なる愛」や「慈悲」が東西の宗教で古来説かれてきたが、愛の内実を見ると両文化の相違は大きく映ってくる。人格神が主導的であったヨーロッパ文化では人間的な愛でも「神との関係」が人と人との愛のなかに中間規定として入っている。したがって「ある人を愛する」といっても、その人が神との関係を確立するように関わることがめざされており、単なる物的な贈与とか、性的な関係などは全く関心が寄せられない。

これを理解するために、九五歳になる老婦人からわたしがごく最近聞いた話を紹介してみたい。彼女はその若き日に、鹿児島に伝道するために来日した、アメリカの女性宣教師からキリスト教を教えられたのであるが、その女性は日本伝道の決意を表明した後に結婚を申し込まれた。一緒に日本に行ってくれるなら、結婚すると返事すると、外国での生活は男性にとって健康のこともあってか困難であるため、相手は結婚を断念せざるをえなかった。そして彼女が十数年に及ぶ日本伝道の任務を終えて帰国したとき、彼はすでに亡くなっていた。だが、そのとき彼がさまざまな手段によって匿名で彼女を援助し続けていたことを知った。この話にある二人の男女は恋愛をしていたが、双方とも神との関係を最大の関心事としており、神が「中間規定」となっていることを実証している。

このように「愛」は単に「恋愛」に限られることなく、神に対する愛のゆえに恋愛を超えて、兄弟愛や友愛、親子の愛・祖国愛・学問的な真理愛にまで射程を広げている。日本では愛というと男女の恋愛しか考えられず、「恋」と「愛」とが同一視される。それゆえ一二世紀に興った「ヨーロッパ的な愛」といわれる洗練された「宮廷的な愛」など全く理解されていない。

4　日本的人倫関係の基盤としての「家族」

さらに日本社会の家族的特質がヨーロッパ文化との大きな相違点となっている。日本社会では家族が長い歴史にわたって常に中心的な不動の位置を占めてきたため、個人を家族という集合体のなかに閉じ込め、個人としての自己の自覚が十分に育たなかった。個人の自覚はヨーロッパ社会ではキリスト教によって育成されて成長し、個人主義と合理主義とを根幹とする近代文化を生み出した。それに反し日本では家族という人倫（社会）組織が絶対視されてきた。しかし、今日、ヨーロッパでは個人主義から個我主義へ、日本では人倫組織の絶対視から一挙に個我主義へ逆転し、ともに共同体の崩壊現象を引き起こし、孤独死が頻繁に起こるようになった。この共同体を崩壊から守り、維持するためには「兄弟愛」の支えが不可欠である。この崩壊現象では早くから個人主義を確立したヨーロッパのほうが抵抗力があり、家族に立っていた日本のほうが激震を受けている。

5　ヨーロッパ的な価値観

ところでわたしたちが正しく認識しなくてはならないのは、ヨーロッパ人が長い歴史を通して独自の価値感覚を共有していることである。そこには普遍性（全体性）とともに特殊性（個別性）も認められる。価値とは大切なものを意味し、何かを選択するときに端的にあらわれてくる。ヨーロッパ的な価値観は高低からなる価値表によって明瞭に示される。それは精神価値・生命価値・快適価値・有用価値の四つの段階として一般に知られている。さらに精神価値である真・善・美の最上位に宗教的な価値「聖」を加えると、五段階をもった価値序列がそこに与えられる。このような価値の序列はキリスト教的ヨーロッパの伝統的価値観にもとづいており、さまざまな疑義が感じられても、一応の妥当性が認められる。もちろん、これに反対する世界観も多く見られるが、それらもこの価値表を基準にして批判したり、改《かい》竄《ざん》されたりして、価値表が改作されることもある。たとえば牧師を父親にもったニーチェやサルトルが無神論の立場から最高価値である神を否定して、ニヒリズムを提唱し、価値表の改竄が行われた。

ところで経済価値を最も重要視する日本人の価値観は、この価値表によれば有用価値を最高とするがゆえに、ヨーロッパ的な価値表を組み替えて別の序列が支配することになる。このような相違点は歴史的に形成されたものであって、わたしたちはそれを当然のことながら認めなければならない。

6 ヨーロッパの人間観

ところでヨーロッパでは、キリスト教の影響で人間が「神の像」として理解されてきた。この場合には神が最高価値として立てられている。それに対し「人間」を最高価値とみなすとき、非キリスト教的なヒューマニズムの主張となる。ところがルネサンスの人文主義者たちは、一般的にはピコ・デッラ・ミランドラが力説したように、人間が自己の最高の可能性を選択できる意志に人間の尊厳を求め、人間を超えた最高価値である神によってそれが実現されると説いた。ここにヨーロッパに特有な人間観が認められる。だが、今日の世俗化した社会にあっては最高価値である「聖」価値は否定され、神の光が消えていく「神の蝕《しょく》」という現象が起こり、ヨーロッパ人の心を暗いものとしている。どうしたらこの現象を克服できるであろうか。神の蝕という現象は、実は、自我の肥大化から起こってきたといえよう。それは人間が神の被造物であるという被造物感情を喪失したことに由来する。したがって、他者が自分と同じ被造物であると意識するだけでは、この蝕は克服できない。

それに対し他者に向かう兄弟愛は、神の愛が他者に注がれている事実認識からのみ生じうる。このような愛は世界に向かって創造的な働きを生み出す。ヨーロッパ思想史はこうした創造的な愛の足跡を残している。そこには常に新たに世界を創造する主体が誕生してきたことが判明するといえよう。ここにわたしたちがヨーロッパ思想史を学ぶ意義がある。

7　歴史の想起と希望

わたしたちは、ヨーロッパの二千年の歴史を通してこのような人間像が培われてきた事実に注目すべきである。歴史がこの事実を証しているがゆえに、たとえヨーロッパ人の意識の表層からそれが消えたとしても、それでもなお記憶の深層に生き続けていると見るべきである。それはちょうどヨーロッパ連合がカール大帝の時代に成立した政治形態を地盤にして今日誕生してきているのを見てもわかる。カールの政治形態はキリスト教的ヨーロッパの原像であって、キリスト教的共同体として長い歴史を刻んできた。これを更新する形で今日のヨーロッパ連合ＥＵは生まれてきた。過去の列強の時代には人々の記憶から消え失せていた、本来のヨーロッパ像がこのように更新されたように、「神の像」としての人間の姿も過去の記憶の深層からよみがえってくるに相違ない。

終わりに

終わりにゲーテのことを考えてみたい。彼は『詩と真実』第二巻の冒頭で、「青年時代に求めたことは年老いてから豊かに与えられる」と語って、学生時代の体験を詳細に語りはじめる。そのなかでもとくに印象深いのは、ゲーテがシュトラースブルク大学の学生であったとき、近郊のゼーゼハイムにある牧師館を訪ねて、フリーデリケ・ブリヨンと出会い、美しい恋愛を経験し、やがて別れた物語である。彼女はこの恋愛を心に抱いて一生独身で過ごしたのであるが、天才のほうは女性を次々に遍歴していく。わたしは一九六四年にドイツに留学したとき、ゼーゼハイムを訪ね、美しく気高い生涯を送ったフリーデリケを追悼したのであった。ところで天才ゲーテは多くの修業と遍歴を経て大文学者に成長していく。彼の作品の多くは

「教養小説」（Bildungsroman）という「自己形成史」を主題としており、少年時代に恋愛の経験をもったグレーチェンやこのフリーデリケの姿が芸術的に深められて結晶し、文学的な表現にまで高められ、傑作『ファウスト』が誕生する。この文学的創造はヨーロッパの歴史に登場してきて、計り知れない力を発揮する。同じことは質的な差異があってもわたしたちの間でも起こりうる。

わたしが青年時代に経験した最大の出来事は、中学二年生のときの絶望的な敗戦であった。これを契機にヨーロッパ研究に導かれた。強大な軍事力を誇るアメリカの文化的な背景はヨーロッパにあって、その文化の核心を学ばなければならないと、幼いながらも直観した。こうして英語の勉強から始まったわたしの研究は、半世紀を超えて今日に至るまで続いている。なお、少年時代に経験したことで忘れることができないことがもう一つある。それは母がキリスト教の家庭に育ち、仏教の家に嫁いできたことから、耶蘇《やそ》教徒として迫害とまでいえないとしても、数々のいじめにあったことである。これがわたしの幼い心に痛みを与え続けた。そのときから母の宗教を弁護することがわたしの課題ともなった。もちろん実現できた成果は、ゲーテと比べると、まことに微々たるものではある。だが、わたしなりにその使命を忠実に果たしてきたと確信している。一九九五年に最初の定年を迎えたとき、藤沢周平の『三屋清左衛門残日録』を読んで、「日残りて暮るるに未だ遠し」という言葉に感銘を受けた。最近は大きな病を経験し、「暮るるに近し」との感を深めている。残された人生の時間は少なくなってきたけれども、それでも自分の使命には終わりまで忠実でありたい。

わたしが四〇年の永きにわたって大学での研究と教育のわざに従事することができたのは、同僚教職員の皆様方と学生諸君のご協力の賜物と痛感している。心から御礼を申し上げます。

（二〇〇二年一月一六日、聖学院大学における最終講義
『聖学院大学欧米文学科』第一号、二〇〇二年）

第2講

対話と協調の時代——対話と協調から日本文化を再考する

はじめに

太平洋戦争が終結し、敗戦の悲惨な経験から立ち上がろうとしたとき、教育の目標として各自の「主体性」が強調され、デモクラシーの精神の涵養《かんよう》が説かれた。だが、この主体性が単なる自己主張欲に変質した時点で、「対話」の重要性が一般に叫ばれるようになった。わたしが大学の教師になったころは過激な学生運動が起こり、しきりに主体性が叫ばれたが、よど号事件（一九七〇年）、新宿クリスマス・ツリー爆弾事件（一九七一年）、さらに浅間山荘事件（一九七二年）と連続して起こった過激な行動に端的に示されているように、主体的な学生運動は破壊活動に突進していった。このとき「主体性」という美名のもとに「自己主張欲」がまかり通っていることにわたしたちは気づいた。このような時代の傾向を転換させるために美濃部東京都知事が当時、「対話と協調」をスローガンとして訴えていたことは適切なことであった。そのころは日ソ漁業交渉などの国際的な難題も多く、粘り強い対話によって打開の糸口が模索されてもいた。事実、時代は急速に変化して「対話と協調の時代」に入っており、イスラエルとパレスチナとの中東和平交渉を見ても明らかなように、「対話と協調」の精神は今日まで国際政治に生かされてきた。それはまた職場や近所づき合い、家庭や友人関係にとって不可欠な基本姿勢となった。

そこで今日ではわたしたちの基本的行動となった対話がどのような文化を切り開いたかをみなさんと一緒に考えてみたい。

1　対話的人間のイメージ

対話している人の姿を思い浮かべてみると、相手に対して微笑《ほほえ》みをもって立ち向かっている。とくにわたしたち日本人はどんなにつらいことがあっても話し相手に微笑みながら話しかけるという、民族的な行動様式、つまり文化をもっている。明治のはじめに日本に来た外国人はこの笑いを理解することができず、人情沙汰になったこともあったが、それでも次第に理解されるようになった。この微笑みというのはまことに人間らしい特質である。

ダヴィンチの「モナリザ」と京都の広隆寺にある「弥勒《みろく》菩薩《ぼさつ》半跏《はんか》思惟《しい》像」のことを考えてみよう。この東西文化の最大傑作のなかには話している相手は見当たらないけれども、この微笑している姿の前には相手の存在が不可欠である。もしそうでないなら、薄気味の悪い笑いとしか考えられなく、この種の充実した微笑みは決して浮かんでこないはずである。

では、この二つの像は相手に向かって何を語っているであろうか。それはもちろんわからないが、リザ婦人は彼女の夫に「あなた」といって話しかけており、弥勒菩薩は信徒に向かって「汝」と語りかけているように思われる。しかし、よく注意してみると、口を開いていないから、多分、話の間にある「間」か、相手のいうことに耳を傾けているのかもしれない。

ここに対話にとって重要な二つの要素が見いだされる。

（1）対話とは相手に「あなた」と呼びかけて話す形式であって、二人称で呼びかけること。この点はマルティン・ブーバーの名著『我と汝』によって初めて指摘された。彼は人間が世界に対して語りかける態度のなかに二つの根本的な対立を見ている。「あなた」と「それ」の対立がそれであって、「あなた」関係、つまり「あなた」と語って呼びかけることによって開かれてくる関係の世界で生きる態度こそ「対話」を形成しており、人間を含めてあらゆる実在を「それ」として非人格的に扱う場合から区別される。

（2）対話とは一方的に語るのではなく、相手のいうことに耳を傾ける姿勢がなければならない。一方的な語りは「モノローグ」（独語）といわれ、相互的な話し合いは「ダイアローグ」（対話）といわれる。

さらに『対話の奇跡』を書いたハウという人は、対話的人間の特徴を四つほど数えあげている。①対話的人間は全的な、真正な人間である。②対話的人間は率直な人間である。③対話的人間は熟達した人間である。④対話的人間は他者に関わる人間である。[5] 確かにそうであるが、アメリカの倫理学者リチャード・ニーバーの説をこれに加えたほうがいっそうよい。彼は対話する人を「応答的人間」とみなし、この人間の特徴を「責任性」のシンボルで捉え、応答的人間は対話に従事している人間であって、他者の自己に対する行為に応じて適切に行為する、責任を負う人であると説いた(6)。その種の典型は孔子やソクラテスである。

2　人間の対話的本性

では、対話は実践するには困難なわざであろうか。否、そうではない。むしろ人間の本性にぴったりと合っていると思われる。このことを先に述べた「微笑み」が実によく示している。そこで人間の幼児と人類学上よく似ている猿、とくにチンパンジーとをその「笑っている姿」で比較してみよう。

オランダの生物心理学者ボイテンディクによると、人間と猿を比較してみるなら人間的なるものの特質が捉えられ、とくに出会いや対話の人間学的意義が明らかになる。彼は乳児や幼児の生物学的、心理学的な考察から対話が人間の自然本性のなかにいかに深く根づいているかを研究した。たとえばその著作『人間と動物』に収められている論文「人間の共同体と動物の共同体」のなかで、生後数カ月たった乳児が最初に出会うのは母親であり、この母をじっと見つめている乳児の様子を観察してみると、動物の仔がその親や飼主を眺める眼とは全く違った差異が明らかになってくる、という。(7) そこには「乳児の眼差《まなざ》し」に一つの際立った特質が認められる。それは相手に距離を置きながら軽く触れている基本姿勢であって、それは「微笑み」のなかに示される。したがってそこには相手に対する「距離と関与」の二重性と同時性があるといわれる。(8)

このようにボイテンディクは幼児の「微笑み」のなかに「関与しつつ距離を置く」二重性を発見し、これが動物に全く欠けているという。彼はこの微笑みが「内面的で控えめな朗らかさの表現」であり、「乳児は微笑みのうちに、自己の身体の中に予定されている仕方で、自分が人間であることを開示する」と語る。(9) したがって人間と動物の差異は、結局、人間が対話のなかで、つまり言語的な他者との関わりのなかで人間性や自由を増大してゆくことに求められると、次のように結論を下した。

幼児と猿の本質的相違とは、世界との対話のうちで幼児の自由が増大してゆく点に表われていることがわかって見れば、猿が決して空想上の遊戯を行ない得ないのも自明の理である。……出会いと交わり、遊戯と模倣における幼児の発達とは、彼の人間性、自由、達成、義務的規則――そして言語の統一的展開である。(10)

さらに対話の基本運動として考えられる「距離と関係」から、他者に対する「対向」という運動が成立してくる。「対向」というのは自己から離れて他者に向かう運動や姿勢であって、対話の重要な基本運動なのである。このこともまた幼児を観察することによって明らかとなる。そこで乳児と二歳児（幼児）とを比較してみると、乳児の場合、相手を見ることのなかに「距離と関わり」の二重性とその同時性とが認められる。だが幼児になると、相手を見る「関与のなかに距離」が置かれる。この距離が幼児の自我を形成している。したがって成人した人間は、事物との距離を十分とってこれに関わっているため、自分のまわりのなじみ深い対象が自己に軽く触れてくるにすぎないが、この距離が十分とられていない乳児や幼児の場合には、この事物に求愛し、事物をも相手として対向し合う相互性のなかに事物があらわれ、事物が表情をもって語りかけている。[11] ここに神話時代と未開社会の人間に共通した物の見方が成り立っている。しかし子どもの成長とともにこの距離感はいっそう増大し、自我を発展させて、事物を客体として捉えるようになる。

さて人間となる歩みをたどりながら、他者の姿がさまざまな形を通して出会われるようになり、出会いと対話を通して人格が成熟してゆく。このプロセスはブーバーによって「人間は汝との関わりにおいて我となる」ときわめて明瞭に説かれた。[12] 実際、この出会いのなかで「汝」がいろいろと姿を変え、交代して流れてゆく歩みのなかで、この「汝」の傍らに常に変わらず伴っているもの、つまり「我」が「対話する自己」として意識されてくる。人間は「我」「わたし」を語るに先立って「汝」「あなた」との関係のなかに深く根づいている。したがって「我」という「主体性」は他者との「関係性」のなかで育成されて誕生してくるのである。

3　演劇と対話、対話の中の自由と責任

次に、対話の特質を演劇と比較することによって明らかにしてみよう。演劇はパ

ントマイム（無言劇）以外では、ほとんどが対話によって構成される。それは、作家が自ら把握した人生観や価値意識、または洞察によって組み立てられる筋道に従って主題が展開する。劇中の対話はこの筋に沿っており、筋を展開させる手段となっている。これに対して対話では、参加者の同意によって主題がそのつど任意に設定され、どのような筋道を通ってこの主題が展開するかは、最初は見当もつかず、手さぐりの状態で進められざるをえない。つまり演劇では筋（プロット）から対話が作られるが、対話では逆に対話から筋が作られる。だから両者では方向が逆になっている。対話は日常生活にとどまりながら対話の営みによって現実に光りを与え、いっそう明晰《めいせき》度の増した認識に達しようとする。これはまことに理性的な方法であって、ソクラテスが得意とした対話法である。

対話と演劇の関係を歴史的に顧みると、古代ギリシアでは演劇と対話は大いに発達し、同じ時代に悲劇作家ソポクレスと哲学者ソクラテスのような人物の出現を見た。対話は野球のように「筋書きのないドラマ」という特質を備えている。そこには「意外さ」・「驚き」・「自由」などの契機が大きく働いている。対話に参加すると、対話自体がわたしたちを導き、当初の予想に反して全く新しい局面が開かれ、話し合っている事柄の新しい真実な姿を発見する驚きを経験する。ここに、対話に携わっている者が自己の主観的な偏見をひとたび離れて「対話」のなかに参加し、自己から「自由」となりながらも、自己を他者のなかで再発見する「喜び」がある。この点でガダマーの論文「人間と言語」は同様な事実を指摘している。彼は対話とゲームとを比較し、ゲームの面白さはゲーム自身の運動のなかに、自己を忘れて自らを投入することにあり、したがって、遊戯の気分が基本的には「身軽さ」・「自由」・「成功の幸せ」という精神に満たされている状態であることを指摘している。(13)

4　対話によって開かれる世界

このように対話を通して新しく生きられる世界が誕生してくる。だからシンドバッドの「開け胡麻《ごま》」によって黄金の宝庫が開かれ、ゲーテのファウストが唱える呪文によって地霊の世界が浮かび上がってくる。

そこで対話によって一つの世界が生じてくるありさまを、シェイクスピアの『アントニーとクレオパトラ』の一節を借りて説明してみたい。エジプトの女王クレオパトラが時の権力者カエサルやアントニウスに対してとった行動は、政治的な利害関係から出たものであっても、それでも相互の情愛とか、また可能ならば人間的な愛情とかが実を結ぶことを願ったものであろう。少なくとも愛情の観念のないところに男女の結婚はありえない。その事態は次のように述べられる。

クレオパトラ　そのお心もちが愛だと、まことそのとおりなら、聞かせてくださいまし、どれほど深く愛しておいでか。

アントニー　世の常の浮薄な愛なら、そうして測られもしよう。

クレオパトラ　どこまであなたに愛されているか、その果てをはっきり見きわめておきたい。

アントニー　そうしたら、きっとあなたは目《ま》なかいに新しい天地を見出さずにはすむまい(14)。

二人ともこの結婚が現実的にみるといかに作為的で虚偽に満ちているかを知ってはいても、それでもなお愛による新しい世界に憧れを抱いている。同様に青年時代のゲーテの経験は、彼の自伝的作品『詩と真実』の第一部に記されているグレートヒェンとの出会いのなかに次のように述べられている。「無垢な青春時代の最初の愛情はどうしても精神的の方向をとるものである。自然は、男女のいずれもが異性のうちに善と美との体現をみとめることを望んでいるように思われる。こうして私にもまた、この少女を見ることによって、この少女を愛することによって、美しいものすぐれたものの新しい世界が開かれた[15]」と。このようにゲーテも先のシェイクスピアのアントニーと同様、恋人との出会いによって「新しい世界」が開かれてくることを経験している。「新しい世界」というのは性欲動の満足といったものとは性質を異にする世界のことで、身体的関係を超えた愛、愛情、性愛、エロースが形成する世界にほかならない。

さらに自然と対話している詩人にも新しい世界があらわれる。たとえばワーズワスを参照してみると、詩人は湖畔に何もしないで終日座し、自然が語る声を「賢い受け身になって」聴いている。彼は対話形式の詩『諫告《かんこく》と返答』のなかで自然がおのずと語りかけているのを聞いているという。それゆえ湖畔の石の上に座って黙想し、書物と人間に向かわないことを諌《いさ》めた友への「返答」のなかで、詩人の世界が誕生するさまを見事に捉えている。

5　対話によって形成される共同形式

次に対話の相互行為によって創造される共同の形式について考えてみよう。他者に向かって反復される行為とともに個人のうちに間柄性とか共同性といった傾向、つまり社会性が次第に育成される。そのなかから、現象学的に見て個人間の関係が次第に内面化されていく、次にあげる三つの性質を取り出すことができる。

①最初には個人がそれぞれ独立していながら関係し合う「相互性」が成立する。

②次にそれが親密さの度合いを加え、情緒的な結合の度合いを増すと、「間柄性」が生まれる。

③さらに、この間柄に立って個人の共同性が自覚されてくる。

このような観点から社会を捉えると、社会は個人の「間」にある対話的な相互作用の関係形式から捉えることができる。というのも相互行為の反復は親しい間柄をおのずと形成するからである。最初は互いに見知らぬ関係にあった者たちが出会い、この出会いが反復されると、一つの新しい形が双方の間に事実として生まれてくる。この間柄は他者との結合を意志する共同性によって基礎づけられる。そこには共同の関係に入っている男女の間に「共有の実り」（ブーバー）が生まれてくる。[16]それは関係している双方のいずれにも帰せられないが、両者を結合するよりも「より以上」のものである。さらに人間はこの間柄の世界に真に生きる意味を見いだすのであって、個人としての価値もこの間柄のなかでのみ実現する。ゲーテは『タッソオ』のなかで次のように歌っている。「才能は静かな境地で築かれてゆきますが、人格は浮世の波にもまれながら築かれます」と。また、こうも歌われている。「人間は人間と交わってのみ自己を会得する。実生活だけが各人にその本来の面目を教える」[17]と。この世界で「汝」と語りかけていって相互的に関わる対話行為は、間柄の世界では自然に、何の抵抗もなく、スムーズに行われている。

6　対話で生じる生の高揚

対話するというのは他者を受容することであり、「汝」との関係に入ると、それだけ自己が大きなものとなってくる。この関係のなかで生じている出来事には絶えず「生の著しい高揚」が見られる。ブーバーはそこに「ひとつのより以上」（ein Mehr）があると次のように語っている。

純粋なる関係という本質的行為から歩み出る人間の存在のなかには、ひとつのより以上が、ひとつの新たに発生したものがもたらされているが、それは彼がこれまでは知らなかったもの、またそれがどこから起ったかをあとからただしく言いあらわせないものである。(18)（傍点は訳書による）

この「ひとつのより以上」というのは、わたしの側からだけは知りえなかったもの、他者との対話関係の間で生じており、ただわたしとしては他者から授けられ受けとったものとしか思われないものである。つまり、この関係のなかに眠っていた諸々の可能性が言葉の光を受けて生まれてきたのである。また対話のなかでは、人が生きる意味をもはや問う必要がないほど、生きる意味の充実が感じられる。これが対話における生の高揚である。

次にこれに類する出来事を対話の経験からいくつかあげてみよう。①真の相互性の充実、②愛の空間性、③視界の融合による広い視野、④精神の共感と共通価値の追求、⑤他者を歓待する美しい心、などが経験される。

7 対話と協調の精神から見た日本文化の問題点

外国で生活してみると痛切に感じられることであるが、日本人は寡黙であり、外国人は多弁である。この双方とも対話と協調の精神を阻んでいる。コミュニケーションは言葉を通して行われるが、それを成功させるためには対話によるしかない。このことは広く日本文化の問題とも関係している。丸山真男は『日本の思想』で「思想と思想との間に本当の対話なり対決が行われないような『伝統』の変革なしには、およそ思想の伝統化はのぞむべくもない」[19]と適切にも語っている。日本文化は、彼によって「蛸壺《たこつぼ》文化」と呼ばれているように、自己の殻に閉じこもってモノローグに陥っていたといえよう。日本に滞在し親しく日本文化に触れたカール・レーヴィットは、日本とヨーロッパの精神的相違点を「批判的対決」のなかに認めて、次のように語っている。

ヨーロッパ精神はまず批判の精神で、区別し、比較し決定することを弁《わきま》えている。批判はなるほど純粋に否定的なもののように見える。しかし、それは否定することの建設的な力、古くから伝えられて現に存在しているものを活動の中に保ち、さらにその上の発展を促す力を含んでいる。……東洋は、ヨーロッパ的進歩全体の基礎になっているこうした容赦のない批判が自分に加えられるのにも他人に加えられるのにも、堪えることができない。(20)

もちろん、日蓮や本居宣長、さらには内村鑑三のような対決型の思想家は確かにこれまでも存在していた。こうした少数の思想家によって実践されてきた対決の姿勢を持続的に維持することが、思想形成にとって重要な意義をもっている。

終わりに、「対話」と日本的「精神風土」との関係について原理的な問題を取りあげてみたい。その際、和辻哲郎の『倫理学』における「間柄的存在」が「私的存在」となっているという逆理的な性格の指摘と、森有正の『経験と思索』における

「汝」の「二項方式」の指摘を参照して考えてみたい。和辻哲郎によると、日本人の「間柄的存在」は「私」を徹底的に排除しながら、きわめて著しい「私的存在」となっている。この論理的には不明確で、逆理的な性格こそ日本的風土となっているといえよう。彼は次のようにいう。

> 我々が手近に見いだし得る最も著しい私的存在は……孤立的存在ではなくしてかえって間柄的存在なのである。すなわちただひとりの相手以外のあらゆる他の人の参与を拒むところの存在である。あらゆる他者の参与を拒むということがどこにも見いだせない不可能事であるのに対して、ただひとりの例外を除いてあらゆる他の人の参与を拒むということは、日常的にきわめてありふれた存在の仕方なのである。……この私的存在は明白に二重性格を帯びてくるのである。すなわち内において「私」を徹底的に消滅せしめることが、同時に外に対して最も顕著に私的存在の性格を与えるゆえんなのである。[21]（傍点は著者による）

ヨーロッパ人の間柄関係が「二つの頭をもった独我論」ともいうべき個人的性格が残存しているのに対し、日本人の間では厳密な意味で「我と汝」関係は成立しないといわれる。たとえば森有正は『経験と思想』において和辻哲郎の見解を受け継ぎ、日本人においては「我と汝」という関係は成立しないで、「汝と汝」という「我」を消滅させた「汝」の「二項方式」が成立しているという[22]。

これに対し、ブーバーの「専一性」（Ausschliesslichkeit）を対比させて考えてみたい。汝関係の光のもとに開かれた関係に入ってゆくのが対話の働きであるが、「汝が〈それ〉に化する」瞬間に「排他的占有」となり、そこには「汝」の関係が物化し、私的なものに変質して、「専一性」は他の一切の「締め出し」（Ausschliessung）となっている。

この世界におけるひとつの実在あるいは実在的なるものとの真実な関係は、すべて専一的である。真実な関係において汝は、解き放たれ、歩み出てきて、かけがえのない唯一のものとしてわれわれに向かいあって存在する。……他のすべてがその汝の光のなかで生きるのである。……だがしかし、汝がそれに化すやいなや、その広大な領界は世界にたいする不当となり、その専一性は一切のものの締め出しとなるのである。[23]（傍点訳書）

「汝」関係が「それ」関係に変質すると、わたしは「汝」によって自己を維持する保身的「閉じこもり」となる。したがって、「間柄存在の私的性格」とか「汝の二項方式」とかいわれていたものは、一人の「汝」にだけ開かれて、他の一切を締め出している。だから、他者に向かう「汝」がわずかに開かれたままで凍結していることになる。問題はこの間柄が開かれたものか、それとも閉じたものかではなく、日本人の場合には島国という地理的条件や人格神に触れることがなかったという歴史的制約、また豊かな自然に恵まれた自足性も影響していて、開かれながら閉じているという矛盾した存在となっている。

（二〇〇六年、聖学院大学「エル・ネット講座」における講話）

第3講

出会いにおける愛の現象

はじめに

これまでの哲学の歴史を見ると愛は中心的なテーマではなかった。最初にこの問題を扱ったプラトンでも『饗宴《きょうえん》』や『ファイドロス』のような愛に関する傑作を残しているが、エロースについては当時それほど論じられていなかったのであって、むしろ断片的に言及されているにすぎなかった。その欠を満たすために、彼は主題としてエロースを採用したのであった。その後においてもアウグスティヌスやパスカル、またマックス・シェーラーによって愛が論じられたのはむしろ例外なのであって、哲学の主要な内容は認識論と存在論であり、絵画の真理について語ったデリダの言葉を用いれば、エルゴンとパレルゴン（絵と額縁）との関係に立っていたといえよう。しかし、愛の問題は日常生活のレベルではきわめて重要な関心事であって、人間関係のすべてにわたって浸透しているがゆえに、無視できないといえよう。なかでも、愛と欲望の関係、つまり性愛と性欲の関係は、浅田淳一がルソー研究で「欲望の爆発は回避できるか」のテーマで研究発表したように(24)、今日も重大な関心を引き起こしている。

さらに愛と感情の問題も大切である。この主題はシェーラーによって愛と共同感情の関連として論じられた。彼によれば愛は自己から他者に向かう「作用」（Akt）であるのに対し、共同感情は人間に自然的に備わっている「機能」（Funktion）であって、両者は密接に関連しているが厳密に区別されなければならない。

そこで、このような愛の問題を他者との出会いという現象を手がかりとして論じてみたい。すでに述べたように愛は欲望や感情と密接に関連しているがゆえに、これらと分離して考察することはできないが、他者と出会っている人間の側では愛は多次元の相のもとに多様な現象として生起している。この多次元的な相のなかでも、人間学的に重要なものとして身体・心理・精神・人格という四つの次元を取り出すことができる。それらは元来密接につながっているが、ここでは個別に分けて出会いの現象をたどることによって、愛の本質は次第に明らかになるであろう。その際、愛の価値を「持続性」と「充実感」という尺度によって考察してみよう。

1 身体の次元

わたしたちが他者と出会うことができるのは、互いに身体的存在だからである。愛は現実の他者との間に起こっている。他者の表情は心身一如《しんしんいちにょ》のものであり、心身の全体をもってする相互の関係行為こそ愛である。

ところが、いつしか身体の衝動のほうが強力になって、心を身体的欲望のもとに従属させ、他者に対する愛のわざでも、欲望の充足をめざして関わることが起こる。ここから快楽主義が生じてきており、刺激的で感覚的な欲望が支配的になり、相手の人格や心を無視して、ただ外見にこだわり、美しい人や肉体的に魅力ある人であれば、誰でもかまわないといった無差別な態度に出る場合が多い。

このように愛と衝動とを同一視するのは、今日では自然主義的愛の理論と呼ばれており、古代においてオヴィディウス（前四三－後一七ころ、ローマの叙情詩人）やルクレティウス（前九四ころ－前五五ころ、ローマの詩人・哲学者）によって、現代ではフロイトによって強力に主張された。フロイトでは衝動が性衝動（リビドー）と呼ばれており、すべての愛はこれに還元されている。このリビドーは彼によると幼児期に形成されるものであるが、何らかの形でもって昇華されないと、死に向かう暗い衝動となり、精神の病のもととなる。だが、この衝動は性愛ではその目標を達成するのであろうか。あるいは精神的に昇華されて、さまざまな文化活動に結晶するのであろうか。しかし、こうした昇華によって欲求の質が本当に高まりうるのであろうか。

　たとえば愛憎の現象を考えてみよう。『旧約聖書』にはダビデ王の子どもたちの間に近親相姦《そうかん》の悲劇が起こり、愛憎の極限の姿が露呈された。王子アムノンと王女タマルの間に生じた悲劇について、サムエル記下第一三章を読んでもらいたい。アムノンがタマルを凌辱《りょうじょく》した直後、「そして、アムノンは激しい憎しみを彼女に覚えた。その憎しみは、彼女を愛したその愛よりも激しかった」（一五節）といわれる出来事が起こったのである。愛が憎しみに急変する現象を愛憎現象という。同様の現象はドストエフスキーの『悪霊』に登場するスタヴローギンが少女マトリューシャを凌辱する叙述にもあらわれている。実際、感覚的な衝動はこうした結果を絶えずもたらしている。

性欲がそれよりも何か高次なものによって導かれないかぎり、こうした現象を引き起こすのではなかろうか。つまりこの性衝動は生のより高い次元から目標を与えられて方向づけられないかぎり、単にその衝動を量的に満たすことによっては決して鎮まらないのみならず、愛の反対である憎しみにそれは急変するのではなかろうか。

現代でも一般に支持を得ている自然主義的な愛の理論は、その基本的特質として、自然的生命の領域以外のものを決して認めようとしない点にあり、自然的生命を超えた精神的・人格的領域を虚妄であるとして拒否している。だが、すべての愛をリビドーの下部構造から一元的に説明することは不可能であり、フロイトといえども晩年においてはこれに気づいていたのである。

もちろん、衝動を伴わないような愛は考えられない。それは概念と感覚的直観との関係に似ている。カントは「直観のない概念は空虚であり、概念のない直観は盲目である」[25]といった。同じことは衝動と愛についてもいえる。すなわち「衝動のない愛は空虚であり、愛のない衝動は盲目である」と。愛は元来自己から出発していって他者に向かう運動である。ところが愛に衝動が欠けていると、決して他者に達することなく、自己に立ち戻って、空想に耽《ふけ》っているうちにしぼんでしまう。衝動は愛を運んでいって目的地に至らせる力ではなかろうか。それは、ちょうど人工衛星をはるかな宇宙空間の軌道にまで運んでいくロケットのようなものである。莫大なエネルギーによって打ち上げられて初めて人工衛星は軌道に乗ることができる。同様に、愛が目的に到達するためには衝動のエネルギーを必要とする。だが、愛がないと衝動はエネルギーを無駄に消費するだけで、正しい軌道に乗せることはできない。それゆえ愛は欲求された対象のうちにいっそう高い価値を捉え、それを対象のうちに実現するように努めるのである。

愛は対象のうちに付着している特性という感覚的に認められる価値に、最初は衝動とともに引きつけられているが、愛自身の鋭い認識の働きによって対象のもっている価値の中核にまで迫っていく。こうして人格的な愛のわざは相手のなかに優れた資質や価値を認め、それを実現しようと志すのである。衝動と一緒にある愛のこの力が衝動を導くようになる。これが愛の作用である。
ゲーテはこの愛の作用を「心しずかにあたりを見るものは、いかに愛の心を高むるかを知る」[26]（『西東詩集』）で示し、愛は価値のより高い存在を創造しないが、愛のなかでより高い価値があらわれ出てくる（nie schaffen, erscheinen）という。つまり、愛の本質は、対象のうちにいっそう高い価値が出現し、愛する者のうちにきらめかせる創造的運動なのである。シェーラーはその遺稿『愛の秩序』でこの愛の運動を超越性において捉え、次のように述べている。

愛は、愛することにおいて、それが掌中におさめ所有しているものをつねに幾分越えて広く愛し、かつ観る。愛を解発する衝動インパルスは疲れることがある。しかし、愛そのものは疲れない。この「心を挙げて主を仰げ」（sursum corda）、これが愛の本質であるが、これは価値領域の種々の高さにおいて、根本的に異なった形式をとりうる。[27]（傍点は訳書による）

このように愛がより高い価値に向かって超越する運動であるのに、衝動のほうは対象の感性的享受のうちに消滅していく。しかし、この消滅していく衝動のもとにあっても精神的対象に向かう愛は人格愛の高みに向かう超越となり、「所与のものを越えてつねに少しばかり遠方へとうかがわしめる」[28]運動を生じさせている。

それに対し衝動も対象の価値をある程度感得しているが、自己の欲求を満たすことが主となっているため、ともすると何ら相手を選ばない無差別的な行動に陥ってしまう。性愛もすべての愛と同様に性衝動を伴いながら異性のうちにより高い価値を認めて、それを実現していこうとする運動である。したがって性愛は性衝動に還元できるものではなく、生命よりもより高い何らかの価値を求め、それを捉えた上で衝動を導くゆえに、性衝動に充実と満足とを与え、生活に秩序を付与しているといえよう。

だが、快楽主義者は欲望の充足を唯一の価値とみなすため、他者を身体的な欲望を満たすものと考え、他者のより高い価値や個性を無視し、相互の差異性にも気づかない。そして他者の異質性を無視して、欲望における合一と一致のみを求める。しかしこの一致は感覚的な刹那の一瞬にすぎず、それが過ぎ去ると、隠れていた他者の異質性があらわれてきて、合一の歓喜は一転して絶望に、愛は憎しみに急変する。したがって身体的な感覚的愛は価値の尺度である「持続性」がきわめて短く、その価値も低くなる。なぜなら「価値はより持続的であればあるほど、それだけ『より高い』」[29]（シェーラー）からである。また、それが与える満足度もきわめて低いゆえに、価値が一段と低下する。

2　心理の次元

精神と身体との総合としての心の次元こそ、心理の領域であり、ここに人間固有の交わりがあって、人間らしい恋愛と友愛とが成立する。今日、残念なことに物質文明の発展に反比例して、この心の固有の領域が失われつつある。心にまで深まらない愛の問題性についてアウグスティヌスはいう、「わたしをよろこばせたのは、愛し愛されることでなくて何であったろうか。しかし、わたしは、心から心へという節度を守らずに、友情の明るい道からふみ出した」[30]と。同様にオーストリアの詩人ホフマンスタールもいう「心と心とのあいだに起こる邂逅《かいこう》の外にあるものはすべて空しい」[31]と。

人間存在の心理的次元は心身を統一している層であって、ここで初めて友愛も恋愛も具体的に成立する。精神と身体との総合体としての「心」こそ人間の交わりの優れた特質となっている。エピクロスがこの友情の交わりを説いたのに対し、今日の快楽主義的人生観はこの心の交わりに対する理解を欠いている。

人間存在の固有の領域はこの心の交わりである。この心の層も多層的であり、心理的考察は身体と深く結びついた情緒的側面を主として捉え、解明している。したがって心の問題といってもなお皮相的であるといえよう。たとえば性格や趣味というもので人間の一体感が捉えられ、「趣味の友情」や「性格の一致」が説かれる。しかし、性格や趣味の一致というのでは、心の問題に関わっているにしても、そのような一致においては友情や恋愛は変化しやすく動揺しやすい。

心理的次元での一致感は「気が合う」とか「意気投合する」という表現にみられるように、気分的であり、かつ、情動的である。しかし、そこには反対の可能性、気が合わない、気に入らない場合を前提としており、他者に対する距離感は意識にのぼっている。したがって、趣味や性格が相違している者の間で、できるだけ類似し、一致に近い者が求められ、「類が友を呼ぶ」現象を引き起こす。ここでは人格間の距離は前提されながらの、対立の最も小さいもの同志が結びつくので、そこに差異性の上に立つ一致がめざされている。したがって「距離」と「関係」の人格間の構成は、「差異」と「一致」とからなる「近似性」に立脚している。「差異」は対立関係の最も弱い段階で、これが進むと「反対」へ、さらに「矛盾」へと進展する。

実際、趣味や性格というものは時とともに変わりやすいものである。それゆえ趣味や性格の一致は両刃の剣であって、一致のゆえに簡単に統合していても、不一致のゆえに直ちに決裂しやすい。このような土台に立つ人間の交わりはいつも分裂するのではないかとの不安にさらされている。だが人格間の「差異」は直ちに「矛盾」の分裂に至ることなく、ある程度の一致の「持続性」をもっており、それだけ価値が高い。カントは「必要の友情」、「趣味の友情」、「心術（心情）の友情」を区別し、最後のものこそ真の友情であり、その本質には他者を尊敬する「距離」感と、それにもかかわらず親しみをもつ「愛」との関連を説いた。(32)「趣味の友情」の場合は、単に気が合うという心理面のみが見えているのに対し、「心情」(Gesinnung)は「距離」と「関係」とに立つ交わりを形成し、心の内面にまでいっそう深まっている。この心情のなかで最も優れた働きは「精神」である。

心理的側面というのは心身の密接に関わっている領域であって、心であってもその皮相的な側面である。それゆえ「性格の一致」や「趣味の友情」といっても、こうした一致では恋愛や友情が変化しやすく動揺しやすいのではなかろうか。というのは、「気が合う」といった心理的一体感は、気分的であり、情念的であるから。もちろんそこには、その反対の可能性「気が合わないかもしれない」場合を前提として、他者との距離が意識されている。そこには比較して似たもの同志が選ばれる現象、つまり近似性による結合が試みられる。近似性では他者の意識は「差異」の程度にすぎないため、情緒的には共歓・共苦の共同感情が激しく動揺するため、性格や趣味が「差異」から「反対」、さらに「矛盾」にまで進みやすく、比較的短期間の持続性と皮相的な満足度が得られるにすぎない。それゆえそのような愛の価値は低い。

3　精神の次元

心のいっそう高次の作用は理性的な言論活動によって展開する精神の次元である。

そこは心理の層よりも一段と深い次元であり、外的環境や状況に依存しないで、人間同志が共通の思想や考えによって強力に結びつけられる。したがって愛の「持続性」がいっそう高く、心に感じられる満足度も大きいので、愛の価値も高いといえよう。

実際、プラトンが説く愛は精神的な愛であるといわれる。これは正しいであろうか。『饗宴』でディオティマが説く愛の奥義は、肉体的な愛から次第に高まってイデアに向かう知恵の愛（哲学）に至り完成する。その意味ではプラトンの説く愛は精神的な愛である。しかしこの愛は男女の愛を出発点としているが、性愛のみならず恋愛をも超えてゆくものであり、教育愛（パイデイア）に根ざしている。だからプラトン的な愛は友愛を根幹としているといえよう。この精神にもとづく他者との交わりは、心理の層よりもいっそう深い次元を開き、外的状況に依存せず、また外的変化に耐えて永く持続する。精神は他の精神との間に距離を前提とし、この上に立って関係を思想によって持続的に樹立しようとする。

そこには他者に対する尊敬の念がある。「尊敬」には他者が自己に優り、その卓越性のゆえに異質的であるという距離感と、自己を他者との交わりにおいて他者の水準にまで高めたいという願望とが見られる。この「尊敬」と似ているが対立しているのは「妬み」である。妬む人は他者の優越性を知っている。しかし他者への関わり方が「尊敬」とは異なり、自己を他者へまで高めるのではなく、他者を自己の水準まで低下させ、おとしめようとする。ここには暗い情念が支配しており、不幸な友情関係にあるといえよう。

わたしたちは他者に対し精神的に交わり、尊敬したいという崇高な心を時折もつものである。しかし、そのような尊敬に値する人間はめったにいない。一時的に尊敬したとしても、短時間しか続かず、しばらくすると仮面がはがれる場合がきわめて多い。そこで他者との心や思想による精神的交わりは、他の交わりにおけるよりもいっそうの持続性が高くても、残念ながら思想上の対立をもって終わることが多い。

確かに主義や主張の一致は、人間を結びつける強力な絆である。しかし、主義(ism)は人間的なものであって、主観的生き方を抜けきれないものである。それは自己主張となり他者を排撃するものに変わりやすい。すると同じ思想圏内にあった者同志の戦いは、一段と過激な内紛にまで発展する。結びつける強力な絆である思想は、ひとたび破綻をきたすと、血生ぐさい殺戮《さつりく》にまで転落することがある。実際、精神の媒介といえども有限であり、永続的ではない。ここから持続性にも限界があり、満足度も低下する。

思想や主義が相違していても、なお他者とともに持続的に生きうるであろうか。そのためには精神を超えたもう一つ深い次元にまで目を向けなければならないであろう。

4 人格の次元

人格は人間の精神作用を含めたすべての活動を一つに束ねて統括している中心であり、行動に統一を与えている核心が「心情の基本線」として現象している。この人格の次元は物的な所有・社会的な関係・身体的な特質の一切をカッコに入れて発動させず、もっぱら相手の人格自身に対向して、その人の存在そのものに関与することによって開かれてくる。そこには「汝-関係」の世界が専一的に他者の存在に関わることによって呼び開かれる。純粋に恋愛している人は一切を捨てて、我をも忘れて忘我的に他者に関わっている。ここに愛が本質的に自己から出ていって他者のところに到達する運動であることが判明する。実際、キューピットは翼をもち、飛んで行って、愛する人のもとに着地し、放った矢は相手のハートを射ている。

人格の特殊次元とは「我と汝」の対話的関係によって開かれる間柄をいう。この次元を見いだすためには、人間の所有している付属物の一切を、財産、身体的優美、性格、才能、思想などを、度外視して、人間の存在自身に関わらなければならない。その関わり方はそのような所有物と所有の関係を排他的に退け、もっぱら他者の存在自体に精神を集中させ、専一的に関係しなければならない。そして、このような関係にもとづいて他者との共同を生きるとき、対話的な特殊次元が拓かれてくる。

したがって、他者をまさに自己と異質な他者として距離を置いて関わり、この距離の上に立って相互的な交わりの関係に生きることこそ、人格の特殊な「関係としての存在」である。このような関係行為自体が一つの優れた存在と形を創っている。人格とはこのような行為から興り、行為しない人格者というのは形容矛盾である。したがって関係すること自体が愛の実現となっている。これは優れた持続性をもち、相手の死を超えてもなお生き続けることによって永遠の姿をうちに宿すものとなる。

こうして愛の不易な姿をわれわれは目にするのであって、ここに至って初めて愛の意味は完全に充たされ、経験が終局に達する。

人格的な愛のもとでは、愛の行為は「関係愛」として優れた存在と形とを創造し、他者との間に開かれた関係を創造する。このような関係行為を生み出す愛は無限の「持続性」と、人格の中心から他の人格の中心へと伸び広がっていく射程とをもつがゆえに、最高にして最深の満足をわたしたちに与える。

さて、このような経験の四次元はどのような全体的構成をもっているのであろうか。これまで考察してきた人間的愛の四次元は実は一つの愛の現象であり、経験の諸次元に立つ多様な意味を表現しているといえよう。その表現形態は同心円的構造をもち、見えない経験の深みから放射状に広がり、多層的に重なりながら見える表現にまで至っている。

それを横断面で捉えてみると円錐形を逆さにしたような形をなしている。愛は元来人格的なものであるが、精神、心理、身体の層において表現可能であり、その現象している表現をたどってゆけば、人格の深層と核にまでたどりつくことができよう。この四次元的経験の諸層が全体として捉えられてこそ、人間的な経験は十全に

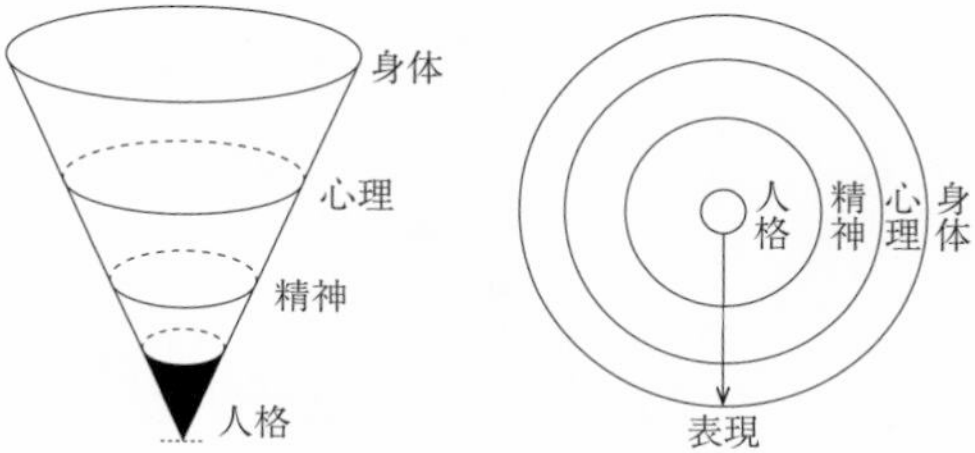

成立する。それに対し、経験の一つの層や次元しか捉えていない場合には、きわめて皮相的で一面的な経験にすぎない。わたしたちの下では目に見える感覚的な財や生命的な特質などが愛を強力に引き寄せるため、身体・物質・生命の価値次元がいつも突出して立ちあらわれ、欲望のエロースのみがわたしたちの愛を支配することになる。しかし、深く反省してみるならば、その生命には刹那的な持続性しかなく、充実感は少しも感じられず、愛は一瞬にして憎しみに転じ、「交わりの不満」（ヤスパース）のみが残ってしまう。

　さて、経験の次元は、それが深まるにつれ、日常経験から分離し、隠されている場合が多い。この隠されているが、真に存在している経験の諸次元をおおって隠すことは「虚偽」であり、そのような虚偽のおおいを取り除いて真の姿を見ることによって「真理」（アレテイア＝非隠蔽《いんぺい》性）は学び直される。一般的にいって世界観（人生観）は経験の諸次元を一つの観点からのみ捉えるものであり、それ以外の諸次元を隠蔽してしまう。哲学はこのような世界観によっておおわれた経験の諸次元を捉え直し、世界を新しく学び直す試みである。真理はさしあたり大抵隠されている。この隠された次元を解明することこそ哲学の任務であるといえよう。

このような愛の現象を全体的に捉えると、愛が自己から出て他者に向かう「作用」であり、その本質が「献身」であることが判明する。この献身的な愛は、たとえばキリストにおいて啓示されており、キリストの愛に生かされている者は「心を高くあげ」（sursum corda）、遠大な目標を立て、日々の行動をそこに向けて関連づけることによって愛の秩序を確立し、身近で具体的な日常生活のただなかに新たなる文化を創造することができる。ここに愛の広大な射程が認められる。

（「他者との出会いにおける愛の現象」、静岡大学哲学会編『文化と哲学』二一号、二〇〇四年に加筆）

第4講

愛の誤解について――日本人の問題点

はじめに

日本人はこれまで愛ということばを男女の性的領域に限定して考えてきたのであるが、これをもう少し広げて、人間関係の全領域に適応させるべきである。というのも人間関係は愛によって満たされているからである。実際、愛のわざのなかに国々の生活様式として文化は生ける姿をとって具体的に現象している。日本でもすでに江戸時代には儒教の立場から伊藤仁斎などは「仁は畢竟《ひっきょう》愛にとどまる」とまで説いていたのに、日本では一般には愛が単に愛欲としてしか感じられなかったようである。したがって江戸時代以来、明治に入って日本文学は西欧文化の影響を受けてきたにもかかわらず、「愛」という言葉では現実には男女や夫婦の「恋愛」が考えられており、人々は広い意味で人間関係を表現する「愛」、さらにキリスト教的な意味をもった宗教的な用法を知らないままにきてしまった。もちろん「恋愛」も「愛」には相違ないが、二つのことばの意味内容を明確に区別しないままにこれまで用いられてきたのである。そこでヨーロッパ文化を参照しながら、わたしたち日本人がもっている愛の誤解について考えてみたい。

1　広大な愛の領域

そこで愛の領域を男女間に限定しないで、その領域をもっと広げて考えてみよう。男女の関係ばかりか、友人関係や、家族関係、社会や国家との関係、外国人や、祖国や学問、さらには真理や神に対する愛まで、愛には多種多様な様相および類型があることに注目すべきであろう。なかでも愛の特質は大別すると六つの類型に分けられる。ヨーロッパ思想史に展開する類型をここでは取りあげて考えてみたい。最初に思い出される類型はとても有名な区別であるエロースとアガペーであるが、それにいくつかの形を加えてみると、次の六つの類型が見いだされる。

①**エロース**　人間の自然本性から生じる愛はエロースと呼ばれる。その多様な形態に関してはオヴィディウスの『変身物語』がまことに見事に叙述している。

②**アガペー**　それに対しアガペーは神に由来する愛であり、これによって人間的な愛ですら生かされる。アガペーはエロースと同じく一方的な愛であっても、それは神からであり、人間からのエロースとは方向が全く相反している。

③**フィリア**　この二つと相違して、一方的でなくて、相互的な愛はフィリア（友愛）と呼ばれ、これは対等な者同士の間に生じる。このような素晴らしい友愛は人間的な愛として自然的な発露によって生まれてきており、何か義務のようなものとは考えられていない。また親の子に対する愛でも自然に生じるのであって、義務とはいえないのに、神に由来する愛、アガペーは「汝の隣人を愛すべし」とあるように厳しい命令となっている。

④**ヨーロッパ的な愛**　またヨーロッパの一二世紀ごろから宮廷的な愛、もしくは騎士道的な愛がヨーロッパ的な愛として説かれはじめる。

⑤**ロマンティックな愛**　さらには空想的気分と純粋さとを備えたロマンティッ

クな愛がその後ヨーロッパを風靡《ふうび》し、近代からはとても強力となった。

⑥**自然主義的な愛**　ところが現代に至ると自然主義的な愛が隆盛になり、世界を風靡し、実に猛威を振るうようになった。

このような現代の傾向に対して、それと真っ向から衝突するのが、愛を義務と見るキリスト教的な発想であり、これによってわたしたちは明治以来今日に至るまで強い影響を受けるようになったが、実際はこれに反発する人たちが多く輩出するようになった。

もちろん、このようなキリスト教的な色彩の強いヨーロッパの愛を古来の日本的な愛に求めることは不可能である。この点を英文学者にして作家である伊藤整が問題にしているので、彼の主張を参照してみたい。

2　伊藤整「近代日本における『愛』の虚偽」

確かに日本にはキリスト教的な愛の観念はなかったのに、愛ということばで主として男女の恋愛関係が表現されてきたといえよう。「あなたがたは互いに愛し合いなさい」（ヨハネ福音書一三・三四）という聖句が日本人にどのように感じられるかが問題である。大学の事務室にかつて団扇《うちわ》が置かれており、部屋の掃除に来たご婦人たちがそこに先のことが書かれているのを見て、「嫌だわ、恥ずかしい」と驚いているのを目撃したことがある。またキリスト教の信徒の間では「交わり」ということばをよく用いているが、これを聞いた日本人が性的交渉を連想するということも、同じ事態をあらわしている。ここに文化の相違がことばに含まれている意味内容（概念）にあることがきわめて判明になっている。

伊藤整は、男女の性的な愛である恋愛をキリスト教的愛と錯覚するところに、近代日本文学の方法における虚偽があることを指摘して、次のように語る。

キリスト教系の祈りの発想のないところでの夫婦の愛というものは、大きな疑いの目で見直されなければならぬ。ヨーロッパ思想の最大の虚偽（やむを得ざるところの）が存在しているのは、「愛」という言葉による男女の結合においてである。その点では、我々の方が遙かにリアリストである。我々は恋と慈悲との区別を知っている。愛という言葉を優しい甘美なものとしてその関係に使う場合にも、我々は「恋愛」として限定する。その実質において征服と被征服の関係であり、相互利用の関係であり、または肉体の強力な結びつきにおいて、対象を取り変えないことを道徳的に拘束するこの関係を、神の存在を前提としてのみ成立し得る「愛」によって説明して来たこの百年間に、異教徒の日本人の間に多くの悲劇が生れた(33)。

こうした「恋」と「愛」との混同が日本の知識階級に浸透したため、多くの女性が絶望に追い込まれたと、彼は続けて語る。日本の社会では自由な交際がなかったので「愛のない見合い結婚」をせざるをえなかったのに、それに不満を感じさせたのもこの混同によるとも説かれた。彼の意見は一応の妥当性をもっているが、この引用文にも明らかにあらわれているように、それは明らかに恋愛を身体的欲望と衝動に還元する自然主義的な理論にもとづいている。なぜなら、恋愛を「征服と被征服の関係」、「相互利用の関係」、「肉体の強力な結びつき」であり、人間関係は「主我的人間の攻守同盟的結びつき」にすぎないと彼は考えているからである。また彼は「我々は恋と慈悲との区別を知っている」とも主張しているように、仏教的な慈悲の精神からも恋愛を引き離し、日本人の恋愛は「江戸時代的で性的放縦」にすぎないことを認めている。こうした思想から日本では「心的習慣として他者への愛の働きかけ」がない、といった判断が下される。彼はこのように愛を愛欲とか性欲に、一般的にいって衝動に還元しようとするのであるが、これでは日本の古来の教えに反するばかりか、愛を性的な衝動とみなす単なる自然主義的な立場をとっているにすぎないといえよう。

3　愛と衝動との関係

そこで愛と衝動との関係を次に考えてみたい。先に言及した伊藤整は両者を同一視しているがゆえに、彼は愛を衝動に還元する自然主義者なのである。D・H・ロレンスの『チャタレイ夫人の恋人』の翻訳者である彼が、そのような思想のもち主であることは当然であろう。しかし、そのような自然主義とは別に両者の不可分なのを認めながらも、働きが相違するとみなす理論や両者を分離させる二元論があって、これが宗教的禁欲主義と結びついて歴史上さまざまな形で登場してきている。

第3講でも述べたが、愛と衝動とを同一視する自然主義的愛の理論は、古代においてオヴィディウスやルクレティウスによって説かれ、フロイトによって強力に主張された。そこでは衝動が性衝動（リビドー）と呼ばれており、すべての愛はこれに還元される。このリビドーはフロイトによると幼児期に形成されるものであるが、何らかの形で昇華されないと、死に向かう暗い衝動となり、精神の病のもととなる。だが、この衝動は性愛によってその目標を達成することはあってもそれは偶然にすぎない。もちろんこの衝動は精神的に昇華されて、強いインパルスをもち、さまざまな文化活動に結晶する面は認められるが、こうした昇華によって欲求の質が、たとえば芸術活動にまで本当に高まりうるのであろうか。

だが、果たしてリビドー自体は盲目であって、そのような創造的な力が隠れているであろうか、と問わざるをえない。わたしにはこのことが疑問に感じられる。むしろ、この衝動は生のより高い次元から目標を与えられて、方向づけられないかぎり、単にその衝動を量的に満たすことによっては決して鎮まらないのではなかろうか。

かつてマックス・シェーラーはその人間学の立場から、愛はわたしたちから出て他者に向かう運動である、と明瞭に規定した。それは人格の間の出来事であって、わたしという人格から出ていって他の人格に関わる運動であると彼は考えた。実は愛はこの運動であって、好きという感じでも、性欲の欲望でもなくて、成熟した人格の行為・活動・実践なのである。そしてなかでも愛には特別な鑑識力があって、その相手のなかに高い価値を見いだしそれをきらめかせる働きが備わっているように思われる。わたしたちはこのような愛の創造的な作用をここに再考すべきではなかろうか。

（一九九五年一〇月一一日、聖学院大学アッセンブリアワーでの講話）

第5講

愛の秩序と射程

文化を広義に生活様式として捉えるならば、国々にも個々人にも多様な文化が広がっている。そこにはさまざまな価値感覚にもとづく秩序があって特色ある社会と人格を生み出している。今日は、このような文化の根底に潜んでいる生活の基本様式を「愛の秩序」の観点から問題にしてみたい。これは学生諸君からわたしに提起されたテーマ「キリストとエロス」に対するわたしからの応答の試みである。

1　愛の領域を広げて考えよう

日本人はこれまで「愛」ということばを「恋愛」という男女の性的領域に限定し

て考えてきた。そこでこれをもう少し広げて、人間関係の全領域に適応させて考えてみたい。なぜなら、人間関係の全領域は愛によって満たされているからである。つまり愛は身近な人たちとの間に友愛や恋愛として生じているだけではなく、祖国愛・学問愛・真理愛・神への愛という実に遠大な存在や理念に対しても働いているからである。このように愛を広い意味で考えることはこれまでも行われてきた。たとえば、儒教の立場から伊藤仁斎などは徳の根本である「仁は畢竟愛にとどまる」とまで説いていた。もちろん当時の江戸の町民には、愛は単に愛欲としてだけ感じられたにすぎなかったかもしれない。だが、自然のままでの愛欲は奔放になりやすく、それによって日常生活が乱れ、危機的な状況をきたしたので、儒教精神によって「五倫五常」の教え（父子有親、君臣有義、夫婦有別、長幼有序、朋友有信）が社会生活の秩序として導入されはじめ、明治に入っても支配的な指導理念であり続け、昭和の前半まで支持されてきた。こうしたことから二つの問題が浮かび上がってくる。

（1）江戸時代における自然主義的な愛の理解は、永く命脈を保っており、明治に入って西欧文化の影響を、とくにキリスト教の影響を受けたにもかかわらず、日本文学では「愛」ということばで、男女や夫婦の「恋愛」がいつも考えられており、広い意味で人間関係を表現する「愛」にまで視野が広がらなかった。さらに一般的にいって、人々は愛がもっているキリスト教的な宗教的用法を知っていない。もちろん「恋愛」も広義の「愛」に含まれてはいても、二つのことばの意味内容を明確に区別しないままに、これまで用いられてきた。ここから（伊藤整が指摘する）「近代日本における『愛』の虚偽」という問題点、さらには学生がわたしに提示した「キリストとエロス」といった問題意識も生まれてくるといえよう。

（2）さらに、一つの時代の文化が成熟し、さらに進んで爛熟《らんじゅく》するようになると、それまで支配的であった道徳が無力となり、人間関係の破綻が至る所に生じてくる。これに対し先の「五倫五常」の教えが社会的規範として説かれるようになった。それは日本における「愛の秩序」の教えにほかならず、頽廃《たいはい》的な文化現象に対抗する新しい生活の秩序を確立することをめざした。それでもなお今日、性犯罪事件が絶えず起こっている点を考慮するとき、どうしてもわたしたちは新たに「愛の秩序」を提起しなければならないといえよう。

2 「愛の秩序」の代表的な学説

ここでは「愛の秩序」の提唱者として（1）古代ギリシアのプラトン、（2）中世思想の源泉となっているアウグスティヌス、また（3）近代の科学者パスカル、さらに（4）現代人間学の創始者のマックス・シェーラーの学説を簡単に紹介してみたい。

（1）ギリシア思想ではエロースを主題として最初に論じたのはプラトンの『饗宴』である。この議論の背景になっているのは少年愛であり、この少年愛という習俗の形態はポリスによって相違があるにしても、そこには文化的に危機的な要素が潜んでいた。プラトンはエロースを肉体から段階的に上昇して「知への愛」＝「哲学」にまで導き、精神と肉体との関連で秩序を説いた。

（2）古代の末期に登場したアウグスティヌスはその主著『神の国』でキリスト教の立場から異教思想と道徳を批判検討し、「簡潔で真実な徳の定義とは愛の秩序であると思われる」(34)と説いた。当時のローマ世界の道徳的頽廃は歴史家ドーソンによって「瀕死《ひんし》の世界」として性格づけられている。そこには創造主と被造物との優先関係から正しい秩序が説かれた。
（3）近代のはじめに科学者パスカルは、身体・精神・心を三つの秩序に分け、心の秩序を独自の法則に立つ愛の秩序として説いた。「この秩序は目標に関連のある個々の点にあれこれ目をくばりながら、しかもつねに目標を指し示していくことを内容とする」[35]（パスカル『パンセ』）。ここでは秩序は各自の行動がその目的連関に機能的に関わることとして捉えられた。
（4）現代の現象学の立場からシェーラーは愛憎の現象に見られる価値感得の法則性を捉えて、そこから愛は単なる感情でも、共同感情でもなく、他者に向かう作用であり、他者の中核である人格に関わり、他者のより優れた価値を引き出すものとして把握された。その際、価値序列という客観的な秩序と個人の行動によって形成される主観的な秩序とが一致しているか否かが問われた。
こうした「愛の秩序」という思想は混沌とした生活に人間らしい倫理を確立するために提起されたのであった。したがって、そこにはその時代の状況と思想とが色濃く反映している。プラトンでは精神と身体とのギリシア的な二元論が、アウグスティヌスでは創造主と被造物とのキリスト教的な人格関係が、パスカルでは行動における機能的な連関が、シェーラーではヨーロッパ的な価値観が、それぞれ愛の秩序を構成する基礎となっている。こうした相違点があっても、そこに共通に認められるのは、人間を根底から突き動かし、破壊を伴い、混乱を引き起こしている激しい衝動のインパルスである。それは悲劇作家ソフォクレスの『アンティゴネー』に歌われている「人間讃歌」に見事に描かれている。こうした衝動に対し真の愛は心を高めながら他者に関わり、自己の歩みを秩序に従って確立する。実際「心静かに辺りを見るものは、いかに愛が心を高めるかを知っている」（ゲーテ『西東詩集』）。[36]

3　愛と衝動との関係

恋愛では性愛と性欲とが結びついているように、愛と衝動との関連が絶えず問題となり、そこに何らかの愛の秩序が求められる。古くはオヴィディウスやルクレティウスによって説かれ、フロイトによって強力に主張された愛と衝動とを同一視する自然主義的愛の理論では、衝動が性衝動（リビドー）と呼ばれており、すべての愛はこれに還元され、何らかの形で衝動が昇華されることがめざされる。ところでこの理論の特質は、自然的生命の領域のほかには何も認めようとしない点にあり、自然的生命を超えた精神的・人格的領域を虚妄であるとして拒否する。それでは無政府状態となってしまう。どうしたらそれを回避できるのか。

前にも述べたように、衝動を伴わないような愛は考えられない。それは概念と直観との関係に似ており、批判主義の哲学者カントが「直観のない概念は空虚であり、概念のない直観は盲目である」といった命題に従って、「衝動のない愛は空虚であり、愛のない衝動は盲目である」ということができる。愛は元来自己から出発していって他者に向かう運動である。ところが、愛に衝動が欠けていると、決して他者に達することなく、自己に立ち戻ってきて、空想に耽っているうちにしぼんでしまう。それゆえ衝動は愛を運んでいって目的地に至らせる力、ちょうど人工衛星をはるかな宇宙空間の軌道にまで運んでいくロケットのようなものであり、そこには莫大なエネルギーの貯蔵庫が認められる。つまり、愛が目的に到達するためには衝動のエネルギーを必要とするのだが、真の愛がないと衝動はエネルギーを無駄に消費するだけで、正しい軌道に愛を乗せることができない。

そこで日常生活で起こっている愛の現象に目をとめてみよう。すると愛は、最初、他者に付着している優れた特性を認める。というのも感覚的に認められる価値である容姿とか美しさに、衝動とともに愛は引き寄せられていくが、愛自身の鋭い認識の働きによって他者がもっているより高い価値を捉え、やがては人格的な価値を実現するようになる。それに対し衝動も対象の価値をある程度は感得していても、自己の欲求を満たすことが主となっているため、ともすると無差別的な欲望の濫用に陥ってしまう。性愛もすべての愛と同様に性衝動を伴いながらも異性のうちに外にあらわれているよりもいっそう高い価値を認めて、それを相手のうちに実現しようとする。この運動が愛なのである。したがって性愛は性衝動に還元できるものではなく、生命よりもいっそう高い価値を求めるがゆえに、その高い価値によって性衝動にも充実と満足とを与え、生活に秩序を付与するといえよう。この点は人間関係のさまざまな出会いを通して把握することができる。(37)

4　人格間の交流としての愛の現象

身体・心理・精神・人格という四つの次元は元来人間自身のうちでは密接につながっており、その次元におけるさまざまな出会いを個別に分けてその現象の本質を理解することによって、愛の本質を次第に明らかにすることができる（本書第3講参照）。

ところで人格は人間の精神作用を含めたすべての活動を一つに束ねて統括している中心であり、行動に統一を与えている核心であって、目には見えないがそこには「心情の基本線」が通っていて、その人格の特徴を把握することができる。物的な所有・社会的な関係・身体的な特質などの一切をカッコに入れて発動させず、もっぱらその人自身に対向して観察すると、その人格の中枢を捉えることができる。またその人に「あなた」と呼びかけることによって特別な「汝‐関係」の世界が開かれてくる。そのためには専一的に他者の存在そのものに関わることが不可欠である。純粋に恋愛している人が一切を捨てて、我をも忘れて忘我的に他者に関わっていくことを見れば、ここに愛が本質的に自己から出ていって他者のところに入っていく運動であることが判明する。

人格的な愛のもとでは、愛の行為は他者との関係そのものを愛する「人格的な関係愛」として優れた存在と形とを創造し、他者との間に呼び開かれた関係の世界を創造する。この開かれた関係行為を生み出す愛は、一時的でなく、無限の持続性および人格の中心から他の人格の中心へと伸び広がっていく射程をもつがゆえに、最高にして最深の満足をわたしたちに与えるといえよう。

（一九九六年一一月三日、一橋大学、本館26番教室における講義）

第6講

他者とどう関わるべきか

1　他者と共に生きる自己

はじめに

わたしたちを教導する導きの言葉を提示したい。（1）律法学者は言った「わたしの隣り人とはだれのことですか」。イエスが答えて言われた、「……だれが強盗に襲われた人の隣り人になったと思うか」（ルカによる福音書一〇・二九―三六、口語訳聖書）。（2）「愛は自分の利益を求めない」（コリント人への第一の手紙一三・五、同）Love is never selfish. Charitas non quaerit quae sua sunt.（3）「キリスト教的な人間は自分自身においてではなくキリストと彼の隣人とにおいて、すなわちキリストにおいては信仰を通して、隣人においては愛を通して生活する」[38]（ルター『キリスト者の自由』の末尾の言葉）。

今年（一九九五年）のリトリートにおける主題は「"Voluntarism"『他者と共に生きる自分』――ひとりの世界から世界のひとりへ」である。この発題には、今年生じた阪神大震災における学生のボランティア活動が大きな意義をもっていることが説かれ、個人主義的な生き方である「ひとりの世界」のもつ問題性が、「無人島で人は生きられるのか」といった疑問として感じ取られている。それゆえ、リトリートでは、「他者との共存の問題や積極的に他者に向かう意志」がテーマとなった。

この「他者と共に生きる自己」という主題には、わたし自身も学生の時から関心を寄せ続けてきた。わたしはそれを、「主体性（Subjectivity）から間主体性（Intersubjectivity）へ」という動的な展開の相のもとに考察してきた。

そこでまず、歴史的にこの問題に触れ、次に身近な観点から考察してみたい。

（1）「ひとりの世界」の出現

ひとりの世界に人間が閉じこもるというのは、西洋や東洋においても古代や中世には見られなかった。個人の強調は近代になってから意識され、ルネサンスの時代では万能人のうちに「人間の尊厳」や「個人の自由」がいまだ単に理想として説かれたにすぎなかった。ところが啓蒙時代に入ると、理性によって自律する合理主義と個人主義とが結びついて西洋近代思想を形成するようになった。さらに時代が進むと、近代人の特質が一般的にいって主体性として示されるようになる。

確かに人々は教会の権威や共同社会から解放されることによって主体性を獲得したが、そこには無制限な自己追求の姿が露呈し、社会をも「欲望の体系」である利益社会となし、資本主義社会を謳歌するようになった。こうして元来は尊重すべきであった個人主義が、いつのまにか個我主義のエゴイズムに変身して転落していった。ここに歴史の風化作用が認められ、このような主体性は必然的に他者の不在を結果した。その典型がシュティルナーの『唯一者とその所有』に示されているエゴイストとニヒリストの姿である。

(2)「無人島で人間は生きていけるのか」という問題

この問題をわたしたちはダニエル・デフォーの作品に語られている、絶海の孤島に漂着したロビンソン・クルーソーによって考えてみよう。その際、このロビンソンについての三つの解釈をここで取りあげてみたい。

（a）ジャン＝ジャック・ルソーは『エミール』のなかで、このロビンソンのうちに他人から影響されないでただ一人自然のなかで人間が自己形成に励む姿を捉え、そこに教育の本来の在り方を見いだした。したがって「自然に帰れ」という彼のスローガンは、ロビンソンが社会から影響されないで、孤立した個人として主体的な自己形成を行っている点を力説している。ここに近代人の特徴である個人の主体性が公共性や世間を退けることで確立されている。

（b）マックス・ヴェーバーは『プロテスタンティズムの倫理と資本主義の精神』で経済人としてロビンソンを解釈する。絶海の孤島に漂着したロビンソンは難破した船から生活に必要なものをもってきて、長期にわたって生活を維持できるように目的合理的に設計していく。彼はロビンソン物語に目的合理的な資本主義の行動様式を見いだした。

（c）マックス・シェーラーのロビンソン理解を見ると、ロビンソンは世界のなかで一人で存在し、自分と同じ存在のみならず、自己の他には同類のいる兆候も痕跡もないような孤独な状況においても、共同体に関する知識をもち、同類の存在を知っている。その孤独感には、「共同体に関する空虚の意識ないし非存在の意識」という孤独・空虚・不満といった欠如的な体験内容が伴い、その反対の可能性を直観的に示す。ここでの個人は他者との関係を喪失していることに気づいている、孤独な、近代の終末にあらわれた個人である。

これら三様の解釈は近代の経過とともに生まれてきており、人間観の変化がそこに表明されている。最初には個人を排他的に主張し、他者や社会をも退けた上で、近代人はあまりにも主観的に自己を確立することから出発し、やがて目的合理的に世界を創り出し、さらに他者に関わり、社会を内に含んだ自己、間主観的な自己の自覚にまで到達した。

次に、人間の本性から他者関係に立つ間主観的な自己の生き方を考えてみよう。

(3) 他者との共生における現象

わたしたちが他者と共に生活する事実は、とりわけ情緒的生活に明瞭である。情緒は悲しみとか喜び、怒りや愛憎に示される事態である。そこには共同感情(共感と同情）があらわに示される。この作用は人間の本性に備わっている機能である。たとえば「共歓共苦」の現象には「他者と共に喜ぶと歓びは二倍となり、他者と共に泣くと、その苦しみは半減する」という独特な法則性が認められる。ここに人間性の本質的な社会性が認められる。

次に、人間と動物との相違を顕著に示す「微笑み」の現象を取りあげてみよう。動物が実践的知能をもっていることは今日では常識となっているが、「微笑み」という現象は人間では乳幼児期ですでに観察できるのに反し、それは動物には原則的に欠けている。「微笑み」には他者の存在が前提され意識に上っており、ダヴィンチのモナリザに表明されているように、目の前にいる他者に対して距離を置いた上で軽く触れる作用が認められる。モナリザはただ笑っているのではなく、微笑んでいる。それは彼女がその夫に対して、あるいは親しい誰かに対向している現実を提示している。ここにも他者との共生の事実が認められる。人は一人でいても、その微笑が示すように、他者に語りかけており、それによって人間の対話的な本性が言語を通して開発される素地が認められる。

さらに、ラフカディオ・ハーンは、日本人の「微笑み」が対人関係の作法にまでなっている点を把握し、随筆「日本人の微笑」のなかで表明し、人間における社会性を捉えた。

（4）人間存在のパラドックス

では、人間が個人として主体的に生きる側面と共同的に生きる側面とはどのように関係しているのであろうか。まず「人間」という言葉について考えてみると、それは人と人との触れ合い関係を意味し、孟子の「人間編」のように、「ジンカン」と発音され、「人の住むところ」として「世の中」や「世間」を、したがって「社会」を意味している。これが俗に誤って「人」に当てられるようになったといわれている。

それゆえ、人間は個人として自己に中心をもつ存在であり、「主体性」をその本質とする自己中心的な個別者でありながら、同時に「人々」である他者と深く関わり、他者との共同のうちに自己の生を確立する。そうするとわたしたちは自己の中心に向かう「求心的方向」と他者に関わっていく「遠心的方向」という全く相反する二つの方向を同時に生きており、この矛盾のなかに生きるというのが人間らしい生き方のように思われる。

しかし、このような人間存在のパラドックス（逆説）は、人間が他者に関わる動的な発展の相において現象学的に把握することによって躓《つまず》きを解消することができる。

(5)「相互性」・「間柄性」・「共同性」

人と人との「間」（zwischen）という領域が学問的な考察の対象となったのは第一次世界大戦のころであったといえよう。この大戦中シェーラーの家に集まっていたグループの一人に対話の哲学者マルティン・ブーバーがいた。この人は個人主義的な神秘主義から対話的な「間の領域」に脱皮し、『人間の問題』という書物では個人と個人とが出会う「狭い尾根」にある「間の国」を指摘し、間主観的な領域を自己の思想の中心に据えるようになった。[39] この会合でシェーラーがブーバーに語ったように、彼も「狭い尾根」に近づいていた。シェーラーは「人間の理念に寄せて」という論文で人間を「神と生命との間にある何か」ではなく「間」そのものとみなすようになり、[40] さらに『同情の本質と諸形式』では他者認識に関連して間主観性の理論を展開するようになった。こうして「間」の範疇が学問的に考察されるようになってきたのであるが、この時代にすでに社会学者ゲオルク・ジンメルは、この相互性によって形成される「間」の領域を社会の根本要素として社会学を確立した。そこでこれらの学問的考察を参照しながら、人間の「間」が「相互性」「間柄性」「共同性」として解明されている要点を述べておきたい。

その際、人間が自然本性のうちに萌芽的にある社会性、つまり本性的な社会性と、意識的な志向にもとづいて行動し、その反復によって得られた習慣、つまり習慣によって獲得された第二の社会性とを区別しなければならない。前者は人間のうちに萌芽的に認められる素質のようなものであり、これが他者に向かって反復される行為とともに個人のうちに間柄性とか共同性といった性質、つまり社会性を創り出している。そこには個人が他者に関わっていく形式として三つの形式を取り出すことができる。（a）個人がそれぞれ独立していながら関係し合う「相互性」があり、（b）それが親密さをもって情緒的な結合を増して「間柄性」を生み、（c）さらにこの間柄に立って個人の共同性が生じる。そういう観点から社会を捉えると、社会は個人の「間」にある相互作用の関係形式から捉えられるのである。

(a) 相互性

個人間の相互作用から社会を解明していったのは、ジンメルによって採用された方法であるから、彼の視点を参照してみよう(41)。彼は個人が集団にその成員として所属している事実から出発し、制度や機構が成立する以前の前社会学的な人間関係を考察し、個人の自律性と他者への関係性との同時性を明らかにしている。実体的には個人しか存在していないが、個人間の心的相互作用のなかに「実在的なもの」として社会は生起しており、このような相互性によって「社会化」が生じている。彼は社会を個人から分析的に解明するのでも、社会から総体的に論じるのでもなく、相互作用の反復によって社会集団は形成されると考える。この相互作用による「社会化」という生起の出来事こそ社会を構成している現象にほかならない。社会とは「ある人の運命と形式にかんして、他の人の側からおこなわれる受動および能動の作用である」(42)。社会集団のなかには個人の相互性から生まれた一定の行動様式が定着し、形式的行動様式として、上位と下位・競争・模倣・分業・党派形成・代表・対内結合と対外閉鎖の同時性などが取り出されている。ジンメルによれば、こういった集団における関係の形式は集団人としての人間に属し、粗野で低級であるが、個人としての人間は独自の個性をもち、高級で洗練されており、社会のなかで特定の役割を演じるが、役割に還元されない豊かな個性をもっている。

(b)間柄性

相互性が内面化されて具体化されたのが間柄性である。グループ・仲間・師弟・友人・恋人・親子・夫婦などはわたしたちの間柄を構成している主なものである。そこでは人間間の相互作用が具体的役割を「・・・として」担いながら具体化されている。しかもそこには情緒的な共感・尊敬・親しさ・愛情・羞恥・愛憎などが生命として力強く加えられている。このような間柄を社会的なものと区別して論じているのがブーバーである。彼はジンメルの相互作用による社会化に従いながらも、人間の間柄を「現存在の特殊次元」に属しているものとみなし、間柄のなかに生きている人格的要素は社会的なものによって排除される傾向がある点を指摘している。つまり、多数の者が集団的に連係すると、個人を非人格的集団のなかに監禁し、人格的関係の要素が純粋に集合的要素によって締め出されてしまうという。「集団的な相互共存は、個人的な相互対向への傾向を抑止することを心がけている」と彼は語っている。[43] 彼があげている例でいえば、同じ友人でも一対一の対面的な対話においては真剣さと親しさと余裕とが感じられても、政治集会やデモの指導者としての友人には緊張と厳しさと焦りとが看取されるというわけである。対話が集団的な力の論理によって踏みにじられ、人と人との間が十把ひとからげにイデオロギーや強制行動によって埋めてふさがれると、人間らしい生活はもはや見いだされない。こうした経験にわたしたちはしばしば見舞われる。ブーバーは間柄性の現象を考察しながら、そこにあるべき要素として「人格への専一的な関係行為」「存在と仮象の区別」「リアルファンタジーによる他者の把握」「宣伝の強制でなく開発的創造」などをあげ、その必要性を説いた。[44]

（c）共同性

相互行為の反復は親しい間柄をおのずと形成していく傾向をもっている。最初は互いに見知らぬ関係にあったものが出会い、この出会いが反復されるとき一つの新しい形が双方の間に事実として生まれてきている。もちろん、単に身体的に出会っているだけでは物理的接触や衝突にすぎないにしても、言葉を交わす関係行為は人間らしい間柄を形成している。男女の出会いも恋愛に始まり、愛の相互関係が具体化されると、婚約から結婚へと進展し、夫婦の間柄がそこから生まれてくる。この間柄は他者との結合を意志する共同性によって基礎づけられている。共同の関係に入っている男女の間に生じているものは「共有の実り」である。それは関係している双方のいずれにも帰せられないし、両者の結合以上である。さらに人間はこの間柄の世界に真に生きる意味を見いだすのであって、個人としての価値もこの間柄のなかでのみ実現している。ゲーテは『タッソー』のなかで次のように歌っている。(45)

才能は静かな境地で築かれてゆきますが、
人格は浮世の波にもまれながら築かれます。

また、こうも歌われている。

人間は人間と交わってのみ自己を会得する。
実生活だけが各人にその本来の面目を教える。

実際、人間は生まれ落ちると直ちに具体的な交わりから成り立っている間柄の世界に置かれており、「人格」と「本来の面目」はこの間柄の世界において実現している。この世界はゲーテがいうように「浮世の波」とか「実生活」とかいわれる多くの問題を抱えた世俗世界である。だが、この間柄の世界こそ人間の「共同性」を育んできている。この世界のなかでわたしたちは、日々、夫として、妻として、また父として、子として、さらに友人として他者に対向し、「汝（あなた）」と語りかけていって相互的に関わり、親しい交わりのうちに生きている。この「汝に語ること」こそ人間の自然本性のうちに萌芽的に予定されている「本性的関係能力」つまり「人間の内なる社会」を開発する行為であり、これにもとづいて真に人間らしい生き方が生まれてくる。「汝」と発語しながら他者に関係する行為は自然本性的な関係能力にもとづく「関係行為」であるが、この行為は間柄の世界では自然に、何の抵抗もなく、スムーズに行われている。

（一九九五年、聖学院大学「夏のリトリート〔研修会〕」での発題）

2 二つの愛の物語

イエス・キリストの愛とローマの作家オヴィディウスの愛とは全く相違する。そこでこの関係を「二つの愛」として考え、そこにあらわれる人間観の変化について話してみたい。

聖書にはイエスが人々と対話している物語が数多く記されている。ここではヨハネ福音書第四章一―二六節に記されているイエスとサマリアの女との間に交わされた対話からなる物語を取りあげてみよう。それは、当時政治的に対立していたサマリアを通過してイエスが郷里のガリラヤへと帰る途中、シカルという村にあった歴史上有名なヤコブの井戸にさしかかったときのことである。

彼は渇きを覚えたので、そこに水がめをもって水汲みにきていたサマリアの女に当時のしきたりに逆らって「水を飲ませてください」と語りかけた。レンブラントが描いている「イエスとサマリアの女」を参照すると、対話の光景が彷彿《ほうふつ》として湧いてくる。イエスは井戸端に座しており、やや疲れた顔をしているが静けさが辺りに漂っている。背景には弟子たちであろうか、人々が食物を買いに行って帰ってくる様子がぼんやりと示される。女はふくよかで、真剣に考えを集中している感じに描かれている。彼女が結婚問題で重荷を負っていることがはっきりとわかり、イエスが彼女に向かって静かに、かつ、深く心にしみ入るように語りかけ、相手の応答を引き出しているようである。対話は身体の渇きを癒やす「水」から始まり、「永遠の水」へと飛躍的に進展し、夫婦に見られるような親密な間柄から神と人との真実な親しい関係という礼拝にまで発展する。こうしてユダヤ対サマリアといった政治的な共同体の対決とは全く異質な神と人との霊的な交わりの共同体にまで話が進展していく。

この物語における対話の展開を追っていくと演劇のようには筋が通っていないことに気づかされる。飲む水から命を授ける活ける水へ、さらに永遠の水への進展は理解できるとしても、「夫」への飛躍は筋が通っていない。イエスは真剣ではあっても肉感的な女性のなかに何か通常でないものを感じとり、「夫を連れてきなさい」と問いかけた。この直観は対話のただなかでひらめいたものにほかならない。突発的な飛躍と劇的な展開こそ対話的語りに付きものの特質であるといえよう。この質

レンブラント・ファン・レイン「イエスとサマリアの女」（1655年）

問に触れて女は自己の生活を反省し、自分が五人の夫を以前もっていたが、今のは夫ではなく非合法な男女関係であることを言い当てられるに及んで、彼女はイエスを予言者と認識するに至った。そこから対話がさらに展開していって、イエスがキリストであることの自己証言が引き出される。

この物語では、イエスが敵対関係にあったサマリア人に心を開いて積極的に対話している。すると相手もそれに応じて心を開き対話に参加していく姿が生き生きと描き出される。このことは聖書的なメッセージとして語られている真理を表明する。つまり聖書で繰り返し語られているように、神がまずわたしたちを愛してくださり、わたしたちも神を愛するようになったという真実が告げられる。それゆえ、この対話の物語に示されている注目すべきことは、イエスの行為が先行し、対話の関係が創始され、彼の愛の導きによって育まれ、互いに愛するように造り変えられている事実である。ここからイエスは「わたしは、新しいいましめをあなたがたに与える。互いに愛し合いなさい。わたしがあなたがたを愛したように、あなたがたも互いに愛し合いなさい」(ヨハネによる福音書一三・三四、口語訳聖書)と語っている。ここで重要なのは、「わたしがあなたがたを愛したように」というイエスの愛が先行していることであり、イエスとの交わりのなかでわたしたちの愛は改造される。キリスト者はイエスとの交わりによって愛の人に造り変えられ、他者を愛する者となったのである。そして究極においては敵をも愛するものにまで造り変えられていく。ここに「真実の愛」が実現する。

次に、わたしたちはここで古代ギリシア世界に目を向けてみよう。ソクラテスも対話する哲学者であり、問答法によって真理を探究したことはよく知られている。ところで哲学者ゼノンは、「人間は耳を二つもつが、口は一つしかないことを忘れるな」とかつて語って、対話で重要なことは「語る」よりも「聞く」働きであり、人間は本性上「聞く」働きを二倍も備えている点を指摘した。それゆえ、もし人がこの事実に反して、他者に聞くことなく、自分の主張だけを語り、相手を無視して自己主張に走るとしたら、どうなるであろうか。とくに自分の語ったことばの反響であるエコーだけしか聞かないとしたらどうなるのか。「ナルキッソスとエコー」という有名な昔話こそ、こうした場合に生じる不幸の実体をありのままに物語る。オヴィディウス作『変身物語』巻三にはこの物語が次のように述べられる。

予言者テイレシアスから「みずからを知らないでいれば」老年まで生きながらえ

ると告げられたナルキッソスは、美少年であったため、多くの若者や娘たちが彼に言い寄ったが、非常な思いあがりのゆえに、誰一人にも心を動かさなかった。それに対し、他人が語っているとき黙っていることができず、また自分から話しはじめることもできない、こだまの妖精エコーが彼を恋するようになった。

以前このエコーのおしゃべりに困り果てたユピテルの妻ユノーは、話の終わりだけをそのまま返す範囲に彼女の舌を狭めてしまった。そんなわけで彼女は相手の言葉の終わりだけしか返すことができなかったので、もとよりナルキッソスに甘い言葉をささやくことはできなかった。偶然にも一度だけ、うまく彼にとり入るチャンスがあったが、はねつけられてしまった。そこでエコーは森に潜み、声のみにやせほそっていった。ついに彼女が「あの少年も、恋を知りますように！　そして、恋する相手を自分のものにはできませんように！[46]」と祈ると、復讐《ふくしゅう》の女神がこれを聞きとどけたのであった。

彼女の復讐はこうして起こった。あるときナルキッソスは泉に渇きを鎮めようとし、そこに映った自分の姿に魅せられてしまった。彼は「実体のないあこがれを恋した」のである。こうして彼に次のような罰が下った。

何もかもに感嘆するのだが、それらのものこそ、彼自身を感嘆すべきものにしている当のものだ。不覚にも、彼はみずからに恋い焦がれる。相手をたたえているつもりで、そのじつ、たたえられているのはみずからだ。求めていながら、求められ、たきつけていながら、同時に燃えている(47)。

この恋には相手がいない。あるのは、はかない自分の虚像にすぎない。「おまえが求めているものは、どこにもありはしない。おまえが背をむければ、おまえの愛しているものは、なくなってしまう。おまえが見ているのは、水にうつった影でしかない。そのものは、固有の実体を持」っていない。こうして、この偽りの姿を見つめながら彼は滅亡してゆく。彼は絶望して叫ぶ「わたしには、恋しい若者がいて、彼を見てもいる。だが、この目で見ている恋の相手が、いざとなると見当らないのだ」と(48)。ついに少年はそれが自分自身であることを知り、予言者テイレシアスの言葉どおり狂乱状態で死んでゆく。

高慢にも他者の存在を無視し、自分の姿に恋して水仙と化したナルキッソスも、一方的におしゃべりしたため相手の言葉の終わりだけを反響するように罰せられたエコーも、他者の固有の存在に関係することがなかった。そこには正しく聞いて適切に答える対話の精神が全く欠如していた。

このギリシアの知性が生み出した昔話が語る真実を、先の聖書の物語に加えて、わたしたちは「真実の愛」の本質についてもう一度考え直してみたいものである。

（二〇〇一年、聖学院大学「夏のリトリート〔研修会〕」での発題）

第7講

ルターの死生観

はじめに

一〇月三一日は聖学院大学の創立記念日である。それはキリスト教会では宗教改革記念日に定められていた。そこで、ヨーロッパ一六世紀の宗教改革者マルティン・ルター（Martin Luther, 1483-1546）について、とくに彼が今日わたしたちにとってどういう意味をもっているかを一緒に考えてみよう。

ルターは今から五〇〇年以上前のドイツの田舎町アイスレーベンに生まれ、今日でもその美しい中世の面影を残している小都市アイゼナッハで教育を受け、当時ノミナリズム（唯名論）の新学風で有名であったエルフルト大学に進んだ。ところが大学の三年生のころ専門の法学部に入ったばかりなのに、心に不安を覚えて、郷里の両親のもとを訪ねた。その帰路、エルフルトの近郊のシュトッテルンハイムという町に近づいたとき落雷に打たれ、死の恐怖を経験するという出来事が起こった。そのとき守護聖人アンナの名を呼んで、彼は救助を求めた。これは、守護聖人の名前を呼んで助けを求める当時の習慣に従った「苦しいときの神頼み」にすぎなかった。そのとき彼は「修道院に入ります」と約束してしまう。彼はその約束を忠実に守って、修道の誓願を立て、エルフルトに今日でも現存するアウグスティヌス派の修道院に入った。このように一度口走った約束を律儀に守るというところから、彼が「良心」の人であることがわかる。彼は修道院での教育を終えてから、新設のヴィッテンベルク大学の教授となり、聖書学を講義した。そして一五一七年に免罪符の乱売を批判した抗議文「九五カ条の提題」を公表し、宗教改革に突入した。その当時彼が懐《いだ》いていた思想の核心部分は、「信仰によってのみ」救われるという「信仰義認論」であって、この教えを中心にしてプロテスタント教会の教義と制度を創設した。この時期は日本では戦国時代が始まったころに当たり、日本でも中世から近代への移行が芽生えた時代に当たる。

最近は若い人々の間で自殺が多発し、わたしたちの大学でも起こり、わたしは学生部長であったので、そのご両親をどう慰めてよいのか苦慮した。そうした深刻な経験をもったので、ルターの思想のなかでも彼の死生観について一緒に学んでみたいと思う。

1　落雷における死の経験

一五〇五年七月に彼は先に触れた稲妻を伴った激しい雷雨に打たれる経験をした。これは「死の経験」であった。これについてルター自身『卓上語録』で語っているが、『修道の誓願について』の序文で彼がこの死の経験を回顧して父に語っている言葉が重要である。彼は、「わたしは好んでまた憧れからではなく、突然に死の恐怖と苦悶にとり囲まれて、自発的でない強制的な誓約を立てた」[49]と語っている。ここに示されているように、ルターの宗教生活の発端は死の恐怖であった。だから、この問題は修道院に入ってからも継続し、次第に彼自身の内的危機として熟成していき、死は単なる身体的な自然死を超えて、罪の意識と密接に関係したものと理解されるようになり、死は生きる意味の喪失という霊的な意味で捉えられるようになった。つまり死は「死の恐怖と苦悶」となって彼を圧倒したのだ。

ここで青年と死との関連について考えてみよう。青年時代は自我と社会との関係でアイデンティティの危機に見舞われる場合が多いのではなかろうか。社会から切り離された孤独な自我は、物静かな深夜ともなると周囲世界との関係から切り離されて、時間・空間の意識が狭まり続け、ついには底なき無の深淵に転落することが起こる。こういう経験はルターの「死の恐怖と苦悶」に通じているようだ。世界が狭くなって息もできなくなると、この「狭さ」から「不安」が芽生えてくる。不安を抱えている人は何をしてもうまくいかない。そこでついには絶望が襲ってくることになる。若いときに感じるこうした危機こそルターが経験したものであって、新しい宗教的認識が生まれるときにその認識の根底に潜んでいる事態である。

2　ヴォルムスの国会における死の宣告

一五二一年に開催されたヴォルムスの帝国議会でルターは、至る所で彼を亡き者としようとする死の試練のただなかに置かれていた。彼は皇帝や諸侯の居並ぶ国会で自著の撤回を拒否して、「わたしはここに立っています。わたしはほかになし得ません」（Hier stehe ich, ich kann nicht anders.）と語った。この有名になった言葉は公の文書には記録されておらず、当時流布していたパンフレットの表紙に記されていた。国会の議事録には次のような発言が記録されている。「もしわたしが聖書の証明によって、あるいは明白な理由によって反駁されるのでないなら、わたしは取り消すことができません。わたしは自分が引用した聖書の論証によって説きふせられたのです。そしてわたしの良心は神の言葉に縛られているのです。わたしは取り消すことができないし、またそうしようとも思いません。なぜなら、自分の良心に反して行動することは、危険であるし正しくもないからです。神よ、わたしを助けたまえ。アーメン」[50]。こうして彼は国会の判決によって法律による生命の保護が奪われ、彼は完全に死に渡されることになった。

3 生のさなかでの死の経験

ルターは自分自身の生活においても、外にある世界においても、至る所で生が「死にとり囲まれている」ことを経験した。ルネサンス時代に人々は万能人をめざして何事でも追求してやまなかった。わたしたちもまた、大抵の場合、感覚的な快楽を追求しており、世俗的な幸福を求めてやまない。しかし、この快楽は「悪無限」であるといわれるように、実は心からの充実感に欠けており、いろいろと試みてもただ挫折のみが感じられ、絶望し、死を望むようになる。このことはルターと同時代の有名な画家デューラーの「メランコリア」を参照するとてもよくわかる。

この作品は一五一四年の作品で、デューラーがこれを描いていたころルターは大学教授として詩編を講義しており、そのときちょうど彼に新しい宗教改革的認識が開かれてきていた。実際、この作品は当時の人々の精神的状況の実質を、もちろんルターとは異質な環境にあったとはいえ、その精神における根源の共通性をよくあらわしているといえる。この絵の中央には暗い憂愁の気分と絶望的な懐疑のうちに

アルブレヒト・デューラー「メランコリアⅠ」(1514年)

沈んだ一人の天使の姿をした女性がいる。この女性の周りにはさまざまな機械や道具が置かれており、天に向かって超越することの象徴として塔が背景に立っている。それらを一つひとつ調べてみると、ルネサンスのあの高揚した精神、その典型である万能人が、自己の知力と技術をことごとく発揮して製作に従事していった、その終わりの極限で、厳しい限界状況に突き当たり、人間としての無力を根底的に味わい尽くして絶望の淵にたたずんでいる姿がいともあざやかに描かれている。

さて、この鋭い知性的な女性の持ち物に目を移してみよう。その背に付けている立派な翼は、強大な飛翔力をひめた人間精神の力をあらわしている。頭上には月桂冠があって高い名誉を受けていることを示している。身体には鍵の束があって彼女の権力を象徴し、財布は富をあらわしている。手にしているコンパスはすべてを計ろうとする知性のあらわれであろう。手の下に置いてあるのは書物で、インクびんも近くにあり、ノコギリ、カンナ、釘、金槌《かなづち》など工作のための道具類がある。塔には梯子《はしご》がかかっており、これは天上へと超越する人間の努力を象徴しているかのようである。塔には天秤《てんびん》がかかり、今にも鳴りだしそうな鐘がついている。周囲に散在する球体と多面体のなかにあって無頓着にも動物が眠り込んでいるが、それと対照的に女性の目はかっと見開かれている。彼女の目は自己の不完全性を意識してはいるが、なお探求の衝動が目に見える世界から転じて自己自身に向かい、自己のうちに凝集しながら心の深みへと沈み込んでいるようである。さらに子どもが石臼に座して無心になって手帳に何かを一所懸命に書きつけているが、この無邪気な活動する姿はルネサンスの若い衝動を暗示しているようである。

ルネサンスの精神は無限を求めて発展してきたが、人間は成人するに及んで自己の知識と能力の限界を自覚し、挫折していることがここに描かれているのではないだろうか。だから錬金術師のルツボや砂時計なども人間の能力と存在の限界を象徴的に指し示しているといえよう。この構図のなかではるかかなたの上のほうに海と下町が眺望され、その上に虹がかかっており、ノアに与えた神の約束を象徴するかのようであるが、それよりもさらにずっと遠い天空に彗星《すいせい》がきらめき、天における異変を知らせている。コウモリの姿をしたメランコリアはこの光の火矢によって射られて追放されるかのように退散していく。

最後に示された天空の出来事が最も重要である。人間の限界と行動の無意味さが極みに達したとき、憂愁のうちに人は沈み、この憂愁から人間はどのようにもがいても自力で脱出できない。ただ天からの関与によってのみ人は憂愁から脱することができる。

デューラーは、ルターの教えである「人間が信仰によって救われる」ということを聞いたとき、ルターに会って、「わたしを大いなる不安から救いだしたキリスト者の永遠の記念碑」としてルターの肖像を刻みたいと願ったそうである。実際、デューラーの作品「メランコリア」がルターの心の中を知って、それを描いたかのような類似性を多く示していることは驚嘆に値するといえよう。

それゆえ、中世都市ザンクト・ガレンで作られた賛美歌の一節には、「生のさなかにあって、われらは死に囲まる。恵みを得るため、援けたもう誰をか求めん」と歌われている。

4　死のただなかでの生の発見

しかし、ルターの経験はこの賛美歌の言葉に続いて、それとは正反対のこと、つまり、「死のさなかにあって、われらは生に囲まる」と語るところに示されている。

それは彼が、恵みの神を見いだす求道生活の途上で、その心や良心が神の言葉とつながっていることを発見したからである。良心は心の深み、最内奥、奥の院である霊性を示し、人はここで神と出会うことができる。ルターによると神は律法と福音という二つの教えによってわたしたちに呼びかけている。

律法の声は「生のさなかにあってわたしたちは死のうちにある」と安心しきった者たちに不吉な歌をうたって戦慄させる。しかし、他方、福音の声は「死のさなかにあってわたしたちは生のうちにある」と歌って力づける。(51)

詩編に「死からのがれ得るのは主なる神による」(詩篇六八・二〇、口語訳聖書)という言葉がある。死に閉ざされた窮地こそルターの宗教生活の出発点であったのだが、死の試練のさなかにあって彼は恵みの神を見いだした。神の生命の庇護のもとに彼の良心がかくまわれていることを見いだしたといえよう。それゆえに彼は、「わたしは死ぬことなく、生きながらえて、主のみわざを物語るであろう」(詩篇一一八・一七、同)と歌うことができた。

ルターは「死」をどのように心にイメージしていたのだろうか。死は擬人化された魔王の姿をもって考えられていたようである。そこには「死・地獄・悪魔」が対《つい》になっていつも出てくる。彼は悪魔について神学的に考察したり、歴史上の対抗勢力にその化身を見たりしている。魔王の死は悪魔を手下として引き連れているように描かれている。

この点はデューラーの代表作といわれる銅版画「騎士と死と悪魔」(一五一三年)によくあらわれている。「死」は白い衣服をまとい、醜悪な顔をし、砂時計をかざして騎士を脅かしている。その馬も痩せていて、下向きにあえいでおり、騎士に向かって死期を知らせる砂時計を見せて脅迫しているのに、騎士はこれによって少しも動揺していない。この悪魔はもはや騎士の敵ではないのである。「騎士」の姿は、強くたくましい。目には生き生きとした力と光があって、人生を戦いぬき、信仰を武器として死と悪魔を恐れることなく、堂々とした歩みをしている。彼が乗っている馬も力強く描かれ、彫像的になっていてすばらしい。騎士的信仰の英雄に対しては、死と悪魔は無力となり、まことにみすぼらしい。騎士は髑髏《どくろ》が転がり、トカゲが這う、死の陰の谷を通って天の城をめざして歩んでいる。それはバニヤンの『天

デューラー「騎士と死と悪魔」（1513年）

路歴程』のクリスチャンのようである。宗教改革時代の信仰がここに見事に表現されているといえるだろう。こんな悪魔ならば、ルターがインクびんを投げつければ、逃げだすであろうと想像される。当時の人々は悪魔が跳梁《ちょうりょう》するありさまを好んで描いていた。「死の技術（Ars Moriendi）」の木版画のなかにも魑魅魍魎《ちみもうりょう》が跋扈《ばっこ》する様子が多く描かれている。だが、ルターが対決している悪魔はこのような者だろうか。それは魔王サタンであった。

5　良心は霊性と同じ機能を発揮する

ルターの心の深みには宗教心や信仰である「霊性」が宿っていた。この霊性は心の三つの認識作用（感性・理性・霊性）の一つであって、わたしたちを真に活かす働きをもっており、神の恵みによってそれが生かされるとき、人間らしい生き方が実現するのである。現代における人間性の危機は、ヨーロッパの近代以降では感性や理性があまりに強調されすぎ、もともとはそれらを導いていた霊性が軽視されている点に求められるであろう。

むすび

聖学院大学の教育理念では、「知的、実践的、霊的次元の教育」がめざされている。このことは一九九八年にＷＨＯ憲章の健康の定義が再検討されていることを見ても重要である。こういわれている。「健康とは、肉体的、精神的、霊的及び社会的に（physical, mental, spiritual and social）完全に幸福な動的状態であり、単に疾病や病弱がないということではない[52]」。この定義はイスラムの影響を考慮して、最終的には採択されなかったが、霊性教育に関する世界的規模での関心の高まりを示しているといえるだろう。わたしたちもこれに合わせて霊的な健康に配慮すべきである。

（二〇〇五年一〇月二六日、聖学院大学チャペルでの講話）

第8講 現代人にとって自律は可能か

はじめに

わたしたちは今日、自由を多様な観点から考察することができる。しかし「自由」が語義的に「自らに由る」の意味であるならば、それは「自律」(autonomy)を意味する。この言葉は元来ヨーロッパ古代や中世の精神史では「自由意志＝自由な決定力」(librum arbitrium)によって表現されてきたが、カントの倫理学以来「理性的自律」として使用されるようになった。

近現代のヨーロッパ文化における最も魅力あるテーマは、人権やデモクラシーであるが、それらは「自由」の理解から生まれてきた。この自由はヨーロッパでは古代から論じられており、アウグスティヌスの『自由意志論』をもってその嚆矢《こうし》とみなすことができる。彼が「意志に優って自己自身の権能のうちにあるものはない[53]」と語って以来、意志の自律は中世を通して主張されてきた。ここで論じられている自由意志は「意志決定の自由」(liberium arbitorium voluntatis)であって、それは本質的には「選択の自由」を意味する。人間に本性的に備わっている「選択の自由」は、すでにアリストテレスが『ニコマコス倫理学』で論じている事態である。つまり「その原理が行為者のうちにある人が、自発的である[54]」というアリストテレスに帰せられる選択意志の規定のなかにも意志の自律性は自発性という形で認められていた。しかし、ギリシア思想においては自然本性的な選択行為のなかに自由は単に「非必然性」として「ほかでもありうる」ものとして倫理の基礎に置かれていたにすぎなかった。そして一般的には政治的な意味での「労働からの自由」が享受されてはいたが、それも奴隷制に依存していた。

ギリシア人は世界を秩序をもった空間として捉え、無類の明晰さをもって視覚的世界像が表象されているが、人間はこの世界の事物の一つとなっている。つまり人間は客体的に把握されうる多くの類の一つなのである。そこには人間的な自己認識の特殊次元は全く見いだされていない。ギリシア人の意識は主としてコスモス（宇宙）に向かい、人間に向く場合でも、コスモスの一部としての人間に向かっていたにすぎない。だが、世界は単に自然世界のコスモスとしてあるばかりでなく、その内実は人間世界ポリスでもあって、これが当時崩壊に瀕していた。ポリスに代わって支配したのはローマ帝国であったが、これもすでに滅亡の兆しが濃厚にあらわれてきた。このように世界が没落したため、分裂した世界に生きる魂にとっては、ただ分裂した世界だけが真理であると映った。事実、アウグスティヌスがその青年時代にマニ教の二元論の虜《とりこ》となったのも、このような古代末期の世相を反映している[55]。

　だが、アウグスティヌスの自己認識は、ギリシア的精神と全く相違していた。彼が直面したのは世界の一部としての人間ではなく、人間そのもの、矛盾と謎に満ちた存在なのである。彼はいう、「わたし自身がわたしにとって大きな謎になった[56]」と。「謎」（quaestio）とは「問題」のことで、いまや人間が大問題となって、彼の前に立ちはだかっている。この謎は簡単には解けない、人間の心における深淵である。「人間そのものが大きな深淵（grande profundum）である[57]」。ここから自由も考察されるようになった。

それゆえヨーロッパの知的な伝統のなかでは、自由は政治的領域で論じられるに先立って、人格的な魂の問題として捉えられ、しかも最高価値である神との関係で宗教的に考察し、コスモスよりも強固な土台の上に基礎づけられる。ここから自由をめぐる歴史上の大論争が生まれ、ヨーロッパではアウグスティヌスとペラギウス、ルターとエラスムス、ジェズイットとパスカル、ピエール・ベールとライプニッツの対決に発展し、今日のヨーロッパ精神の土台を形成したのである。

1　二つの自由（消極的自由と積極的自由）

わたしたちは自由を一般に「強制からの自由」として政治的に論じる傾向がある。しかし、このような自由は強制がないという「消極的自由」であって、意志が自分で決断する「積極的自由」から区別される。こうした強制のない消極性に政治的な自由の本質がある。現実には自由が一定の条件で成立するがゆえに、自由の障害となっているものが除去されれば、もしくは緩和されれば、自由は拡大することになる。

それに対し自分の行動を何らかの外的な力ではなく、自分自身に依拠させたいと願うときには、自由意志という積極的な自由が問題となっている。この積極的自由が文化の根底において創造的に作用して初めて、政治的・社会的・文化的自由も促進される。ヨーロッパ一六世紀の宗教改革はこの自由を宗教的に捉え、創造的な力を発揮し、新しい社会を生み出していった。

ところが、一七世紀後半から起こってきた啓蒙主義は、その合理性の主張によって神の恩恵や人間の罪などを迷妄として排除したため、外面的な生活と科学技術によっては繁栄をきわめるに至ったが、内面的な精神においては無神論とニヒリズムに陥り、今日に至っている。この点ではヨーロッパを手本にして近代化を追求してきた日本でも、同じ精神状況にあるといえよう。近代文化は宗教性を切り捨てて世俗文化を繁栄させてきたが、宗教のもっている文化形成力が今日再考される必要があるといえよう。

2　カントの理性的自律

カントはこの意志の自律によって倫理学の基礎を据え、それを他律（Heteronomie）と対比することによって明瞭に説き、この意志の二つの態度の相違にもとづいて道徳の原理を確立した。彼によれば自己の理性の立てた普遍的な法則に従って行為する意志が自律であり、その他の自然必然性や傾向性また関心に従う行為はすべて他律である。

意志の自律とは、意志が〔意志作用の対象のあらゆる性質から独立に〕かれ自身に対して法則となるという、意志のあり方のことである。(58)（〔　〕内は訳書による）

このような自律こそ、義務をして強制とも必然ともみなさない主体的契機であり、道徳の最深の基礎となっている。この思想はルネサンス時代のヒューマニストであるピコ・デッラ・ミランドラに由来するといえよう。[59] この観点に立ってカントは彼以前の倫理思想を批判して次のように説いている。

道徳の原理を見出すためにこれまでなされた骨折りのすべてを顧みると、それらがなぜすべて失敗に終わらざるをえなかったかは、もはやふしぎではない。ひとびとは、人間がその義務によって法則につながれていることを見たが、人間が自己自身の立法しかも普遍的な立法に服していること、人間が自分自身の、しかも自然の目的からいえば普遍的な、立法意志に従って、行為するよう義務づけられているのみであること、に思い至らなかったのである。実際、ひとびとが人間を法則〔どういう法則であろうと〕に単に服従しているだけのものと考えたとすると、法則は当然何らかの関心を、魅力または強制として伴わざるをえなかったはずである。……そこで私は、上の原則を、意志の自律の原理と名付け、他のすべての、他律に属すると私の考える原理に対立させることにする。[60]（〔 〕内および傍点は訳書による）

自律と他律との関係は、カントの『啓蒙とは何か』という小論において人間の未成年状態と成年との対比によってわかりやすく次のように説かれた。

大方の人々は、自然の方ではもうとっくに彼等を他者の指導から解放している〈自然的成年〈naturaliter maiorennes〉〉のに、なお身を終えるまで好んで未成年の状態にとどまり、他者がしたり顔に彼等の後見人に納まるのを甚だ容易ならしめているが、その原因は実に人間の怠惰と怯懦《きょうだ》とにある。未成年でいることは、確かに気楽である。私に代って悟性をもつ書物、私に代って良心をもつ牧師、私に代って養生の仕方を判断してくれる医師などがあれば、私は敢えてみずから労することを用いないだろう。私に代って考えてくれる人があり、また私のほうに彼の労に酬いる資力がありさえすれば、私は考えるということすら必要としないだろう。こういう厄介な仕事は、自分でするまでもなく、他人が私に代って引受けてくれるからである。(61)

カントはこのような他人本位の生き方から理性を用いて立つ自律（自己本位）へ

と人々を啓蒙しようとした。そして彼によると、自律が成立する最終的根拠は感性的表象のすべてから全く自由で自発的である理性に求められる。このようにして理性的自律によって近代的自律の思想は完成するようになる。

3 自律は可能か

自律の根拠はどこに見いだされているのであろうか。カントもすでに語ったように、外的原因から全く自由なものは人間のうちにある理性の能力である。悟性が感性的表象を判断によって結合する働きであるのに対し、理性はそのような表象からも自由であり、理念のもとで純粋な自発的活動をなし、感性界と知性界を区別し、知性界に属するものとして「人間は、彼みずからの意志の原因性を、自由の理念のもとにおいてしか考ええない」(62)。そして自然法則が感性界の根底にあるように、道徳法則は理念において理性的存在者の行為の根底にある、と説かれる。このようにカントは理性の純粋な自発性のうちに自律の根拠を把握したのであった。

したがってカントにおいて自由意志は一切の他律を排して自律に徹する「理性的

自律」として完成を見た。わたしたちはここに自主独立に立つ近代的市民のエートスとその哲学的表現を見いだすことができる。確かにこの理性的自律は理論的には可能である。「あなたはそうあるべきである、ゆえになし能《あた》う」（Du kannst, denn du sollst.）。そのように「ありうる」とは可能的な自由である。このことは観念的で理想主義的であるかもしれない。だが、この前提を欠いては道徳的な責任も反省もわたしたちに生まれてこない。つまり、「為すべきであるのに為しえない」という現実に直面して初めて人は、自己の欠陥と罪の認識に到達する。それゆえカントは内面的な道徳性を外面的に法に適っている合法性から区別する厳格主義を標榜《ひょうぼう》し、「わたしの内なる道徳法則」に対する感嘆と崇敬の感情を表明した。このことは律法に対する服従から出発するルター的思考とその軌を一にしている。

実際、自然の意図としては人間は各人の幸福と自然の開化たる文化を実現させるべきであるのに、現実には「悪への性癖」をもち、自然的欲望である傾向性に従って、個人的な生き方である格率（行為の基準）を転倒させる。カントによると人間は現実には理性のみならず感性によって大きな影響を受け、人間の意志が転倒している事実を認め、『宗教論』でこれを「根本悪」（das radikale Böse）とみなし、キリスト教の原罪の教えに同意したのである。[63]

根本悪とは道徳法則を行動の動機とするか、それとも感性的衝動を動機とするかを意志が選択する際に、どちらを他の制約にするかという従属関係によって意志は善とも悪ともなりうるが、正しい従属関係に立つ道徳秩序を転倒することによって、悪は自然的性癖となり、人間の本性にまで深く食い込み、根づいている事実をいう。[64]この根本悪の主張は、ゲーテのような啓蒙主義を超えた人々にさえ、カントは哲学のマントを汚したと嫌悪されたものであった。

4　ルターとカント

カントは道徳法則を遵守する義務から倫理を基礎づけようとした。この道徳法則に対する仮借なき厳格さに彼の思想のプロテスタント的性格が認められる。[65]外面的に法に適った合法性から区別された内面的な道徳性は、道徳法則の遵守にもとづいて成立するが、そのために意志の自律としての自由が求められた。このことは律法に対し外面的な遵守ではなく、内面的な服従から出発するルター的な思索とその軌を一にしている。この法則の内容が「実践理性の事実」として示されているところでは、それは自然法および十戒と同じ内容である。このようにカントが義務と責任に立脚している点ではルターと共通していても、ルターの良心宗教は罪から救済への道を探求して歩むのに対し、カントはルソーの良心宗教と同様に、道徳的な心情が神聖な道徳法則を担っている点に立ちとどまっている。(66) 彼はいう、「人間は自由の自律のゆえに神聖な道徳的法則の主体である」(67)と。またこの道徳法則が神聖でなければならないというのは、この法則が人間の本性からも社会的必要からも導きだされないで、神的性格のゆえに宗教的尊崇の対象にまで高められていることから生じている。それに反しルターが神の律法を実現できないことから、神と人との分裂を良心で感得しているのに対し、カントでは内的人間が理念的人間と現象的人間に分裂し、前者が後者を良心の「内的法廷」で裁くことが起こった。こうして道徳法則に従う理念的人間は尊厳をもち目的自体であって、「彼の人格に存する人間性は、彼にとって神聖でなければならない」(68)と宣言されるようになった。

カントの倫理は人格の尊厳に立つ近代ヒューマニズムの完成した姿を備えており、目的たるべき人格を利益追求の手段にまでおとしめている市民社会の悪弊に対する批判ともなった。それは定言的命法の「第二方式」に明快に示されている。すなわち「あなたは人間性をあなたの人格においても、他人の人格においても常に同時に目的として扱い、単に手段としてけっして扱わないように行為せよ[69]」と。人格は物件のように価格が付けられ手段となすべきものではなく、それ自体のうちに尊厳をもつ目的とみなすべきである。資本主義社会は目的合理性によって利潤を追求するために、すべてのものが手段化される傾向がある。カントの倫理学は法を重んじる近代的市民像を背景としているが、同時に自由な市民権の優位のもと、法のもとに立つ公民の権利を踏みにじる悪弊に対する徹底した批判精神に貫かれている。

しかし、カントの『宗教論』における「根本悪」の主張には人間の自然本性の堕落という原罪への共感が見られるのであって、彼が「しかし、こんなに歪曲した材木から完全に真直ぐなものが造られるとどうして期待しえようか[70]」と主張する点とルターの「自己自身へ歪曲した心」(cor incuratum in se) という原罪理解とは一致している。こうしてカントの理性的自律の主張は根底から動揺してくるといえるのであるが、人間の本質的理解にもとづいて自律の主張が先行しているからこそ現実における根本悪も説かれることが可能となったのである。

5　神律的自由とは何か

このようにカントは理性的自律を確立するに際し、神学から独立し、人間自身に即してそれを主張した。このような主張によって、ライプニッツに至るまで神学を前提となし、また、少なくとも神学を含めて哲学を確立し、意志学説の上でも神律的に自由意志を把握しようとしてきたヨーロッパの思想的な伝統から残念なことであるが訣別している。

ヨーロッパには神学を含めて哲学を確立し、意志学説の上でも神律的に自由意志を把握しようとしてきた思想的な伝統があった。

意志規定には「他律」（Heteronomie）と「神律」（Theonomie）と「自律」（Autonomie）という三つの類型があると考えられる。この類型によってヨーロッパ精神史が解明されるのではなかろうか。ところでこの神に従う生き方という神律は自律と対立しているのであろうか。一般的には神律は他からの命令によって行動する他律と同義に理解される。神が自己にとって全くの他者であるなら、そう考えられるのも当然であろう。だが、神はわたしたちにとり異質であっても、よそよそしい他者であろうか。神が律法をもってわたしたちを脅かしたり、刑罰の恐れを惹き起こしたり、わたしたちが律法を外面的に遵守することで神に対して合法性を主張しようとするなら、その時には神律は他律となっている。他方、神の恩恵によって新生し、自発的に善い行為をなそうと励むような場合はどうであろうか。そのとき神律は自律をうちに含んでいることにならないであろうか。エレミヤの「新しい契約」のように心のうちに神の法が刻み込まれている場合や、神の愛に応答するイエスの愛の教えのごとく、神律は自律の契機をうちに含んでいるといえよう。こうして神律には外面化して他律となる方向と、内的な変革による自律の方向とが存在することになる。

実際、一般的にいっても徹底した自律の主張は、現実にはまれであって、どこまでも貫徹しうる性質のものではなかった。カントはその『宗教論』のなかで根本悪を説かざるをえなかったし、エラスムスも「わたしには多少のものを自由意志に帰し、恩恵に多大のものを帰している人々の見解が好ましいように思われる」[71]といって、恩恵を排除するどころか、自由意志を最小限のところにまで後退させている。

すでに考察したように自律と他律とは全く排他的な矛盾関係に立っていても、自律と神律のほうは相互に深く関わり合っている。その際、神律は自律との関係を通してわたしたちに開かれてくるといえよう。そこでパウル・ティリッヒの次の優れた洞察を参照してみよう。

神律とは、他律とは反対に、超越的内実をもって、それ自身法にかなった諸形式を実現することである。それはカトリック的権威思想のような意味で、自律を放棄することによって成立するのではなく、自律が自己を超出する地点まで達することによって成立する。(72)

この文章の前半は神律文化の形成について語っており、「神的霊の現前」である神の愛という超越的内実は、相対的な文化の形式を通して実現される。これがいわゆる「世俗化」であって、「信仰の合法的結果」(ゴーガルテン)といえよう。(73)その後半は自律の深化と自己超越によって神律が成立すると主張している。この自律を放棄すると他律となるが、自律を徹底させて自己を超越することによって神律に達すると述べられている点が重要である。ティリッヒは自律と神律との関連について「その神的根拠を知っている自律が神律である。しかし、神律的次元なき自律は単なるヒューマニズムに堕落する」(74)とも説いている。わたしたちの意志は、キルケゴールが鋭く指摘しているように、自らの力によって立とうとすると目眩《めまい》を起こして倒れざるをえない(75)。このように有限な意志は神の力によってのみ再起しうるのであって、神の恩恵によって内的に新生した意志の在り方こそ神律であるといえよう。

6 「最高の共同は最高の自由である」——自由の質的な拡大

次にこの社会のなかにあって自由がどのように実現されるのかを考えてみたい。社会のなかで生きる人間の自由はどのように理解できるのか。そのような人間的な自由の本質は次のヘーゲルの言葉に最もよく表現されている。「人格と人格との共同は本質的には個体の真の自由の制限ではなくて、その拡大とみなされなくてはならない。……最高の共同は最高の自由である(76)」。わたしたちはこの言葉を人間学的にどのように理解しうるかを考察してみたい。

（1）自然本性的な選択の自由

現代社会はそれを構成している各自の選択によって造り出される。宗教社会学者バーガーは現代性の特質は「宿命から選択」へという大きな変化であると主張した。つまり、それ以前に生きた人たちは大抵宿命の世界ともいうべきもののなかに置かれており、現代のテクノロジーによって開拓された広い選択系列がそこにはない。したがって前近代的な伝統社会は特定の慣行によって行動が支配される社会であって、そこでは評価の対立ということはありえない。それに対して、近代社会に生きる人の現代意識には宿命から選択への移行が伴われており、行動の外的な規範は希薄となり、自由が拡大し、伝統社会の「宿命」が近代社会の「選択と決断」に変わったと説かれた[77]。

（2）愛によって自由は社会に拡大される

一般的にいって社会性の根底には相互性・間柄性・共同性が認められる。しかし、それを創造する力は愛であって、現に愛が人間関係のすべてを満たしている。愛は身近な人たちとの間に友愛や恋愛として生まれているだけではなく、祖国愛・学問愛・真理愛・神への愛という実に遠大な存在や理念にまで高まっていく。このような愛の創造的な行為を「関係行為」として捉え直し、それが社会という人間関係のなかで自由をどのように実現しているかを考察してみよう。

この社会における現実の人間関係や間柄はわたしたちの誕生とともに与えられている一つの事実であって、この社会的な現実を承認することからすべての考察は開始する。それゆえ「初めに関係があった」ということこそ社会的存在の第一原理なのである。この所与は始原的にして根源的であるがゆえに、わたしたちはそれを「原関係」と呼ぶことができる。このように原関係が各人にとって変えがたい運命的な現実であるばかりか、わたしたち自身の才能や資質も所与の事実であって、これも同様に変更しがたい[78]。したがって人間は有限性をその本質としているばかりか、偶然性からも免れず、厳しい限界状況にさらされている。したがって人間は万能であるなどと主張できず、自力で人生を生きぬく自由などどこにも見あたらない。生物学的に見ても人間はJ・G・ヘルダーやアーノルド・ゲーレン[79]が主張するように、欠陥動物であり、文化を創造しなければ生きられず、相互に助け合い、協力し合って初めて自己の生を確立できる。これを実現するのは愛であり、愛によって自由は共同関係のなかで拡大されるのではなかろうか。現実的な自由はこの社会関係のなかで愛によって具体的にかつ実践的に実現されるのではなかろうか[80]。

　こうして人間の自由は積極的に他者に関わる関係行為のうちに与えられている。確かに人間の本性は、選択や決断といった決定力を備えもっているのを見ても明らかなように、自由である。近代的人間の典型であるカントが意志の自律として自由を解明したように、意志は自然本性的に自由である。しかし、本性的な自由は現実においては他者との関係のなかに置かれているのであるから、共同的な世界を無視するならば、自由は抵抗がなにもない真空の理念世界を駈けめぐって、具体性を欠いた抽象物に転落するであろう。わたしたちは身体をもって他者と実践的に関わっている。他者は単に知覚の対象として与えられているのではない。そうではなく、わたしたちは他者に働きかけたり、他者から働きかけられたりして、相互的に関係し合っている。こういう関係や間柄に立つ主体は間主観的な性格をもち、共同世界のなかから生を享《う》け、かつ共同世界を担うまでに成長してきている。このような共同世界のなかで自由は、他者との協働によって個人の自由よりもいっそう拡大されていくのである。

（3）現実の共同体と間主観的な関係行為

ところで現実の社会のほうもこの間主観的な関係行為によって担われ、維持され、発展してきた。古代的な地縁的・血縁的共同体は本質的に閉じた社会であった。神の国の理念を地上に実現しようとした中世的なキリスト教共同体は、確かに開かれた社会であったが、教会と国家との統一は、近代国家の誕生とともに崩壊していった。中世の封建社会から解放された近代人は個人の主観性にもとづいて契約共同体を創っていった。そこには利益社会が創出され、ここでの自由はあくまでも欲望の主体である個人の自由であって、積極的に他者に関わることなく、自己の主観にとどまるものであった。だが、近代的主観性を超克する間主観的な共同は、他者に対して積極的に関わっていく関係行為によって社会を内的に生かし、他者との共同・協働によって創造的に自己を形成しようとする。このような共同に立つ自由こそ、今日考えられる最高形態の自由であって、先にも述べたように「最高の共同は最高の自由である」というヘーゲルのことばの真理を実証するものである。

(4) 神の恩恵による自由の拡大

ここで確実にいえることは、自由意志は神の恩恵によっていっそう自由となっているということである。こうして自然本性的な自由は神との関係のなかでその自由を拡大させている。アウグスティヌスはいう、「自由意志は健全になるにつれて、いっそう自由になるであろう。しかし、自由意志は神の憐れみと恩恵に服することに応じていっそう自由となるであろう[81]」と。この自由の状態を彼は「自由とされた自由意志」(liberum arbitrium liberatum) という。自由意志は本性的な機能としては「生まれながらの属性」(naturaliter attributum) であるが、堕罪後は神の助けがなければ罪を犯さざるをえないような「拘束された自由意志」であった。この「拘束された自由意志は単に罪を犯すことができるだけである。神によって自由とされ、たすけられていなければ義をなしえない[82]」。こうして自由は三段階の発展を経験する。

この三段階説はアウグスティヌスが説いたよく知られた図式では、①無垢の状態「罪を犯さないことができる」(posse non peccare)、②罪の奴隷状態「罪を犯さざるをえない」(non posse non peccare)、③キリストによる新生「罪を犯すことができない」（non posse peccare）から成立している。まず創造における人間の本来的存在と罪による人間の堕落した非本来的存在とが対比的に論じられ、さらにキリストを第二のアダムと見て人間の存在が回復される。なかでも罪による本性の破壊は、かえってその偉大さを証明している。「その欠陥自体、自然本性がいかに偉大で、いかに賞讃されるものであるかの証明である(83)」。

わたしたちはこれまでヨーロッパの近代思想を人類の優れた文化遺産として受容してきたのであるが、これらの見解はわたしたちに強く反省を迫るものではなかろうか。確かに一七世紀に始まる啓蒙思想は貴族に代わってブルジョアを、旧体制に代わって革命を、神学に代わって科学を、農村に代わって都市を、それぞれ前面に押し出してきた。それによって革命が次々に起こり、科学技術が振興し、大都市が建設され、これらの力が相携えて新しい世界を造るとき、技術文明とか産業文化と呼ばれる新しい世界が一八世紀後半から一九世紀にかけて誕生したように思われた。その際、文化をこれまで導いてきたヨーロッパ的な「霊性」もしくは信仰は次第に背景に退き、これに代わって「理性」の自律化が始まり、科学技術と提携することによって、霊性から切り離されて道具化した「理性」が時代を支配するようになった。こうして「理性」はかつてもっていた「深み」を喪失し、単なる合理主義や皮相なヒューマニズムとなって全世界に広まっていった。日本が自国の文化を残しながら、「和魂洋才」の立場で、ヨーロッパの「魂」である「霊性」を抜きにして、ただヨーロッパの産業技術のみを受容していち早く近代化を達成できたのは、こうした近代文化の歴史から説明することができる。

このような近代史のプロセスは一般的に「世俗化」として考察される。教会の財産の世俗への払い下げを意味する世俗化には「没収」の意味が含まれており、指導的な役割を演じていた社会的な力の交替がなされたといえよう。こうしてキリスト教の代わりに啓蒙思想の合理主義が登場してきて、ヨーロッパ的霊性（信仰）を追放し、自らが指導権を掌握したのである。だが、理性がこのように時代を支配したとはいえ、霊性との関連を断ち切ることによって理性は道具化し、科学技術をもって新しい世界を造ったにしても、理性の「深み」を喪失することになった。

（二〇〇三年度聖学院大学大学院コロキウムの発題）

第9講

「霊性」研究の現代的な意義

はじめに――わたしのルター研究の歩みについて

これまでわたしは永いことルターについて学んできた。高校生のときルターの著作集が出版されたことが契機となって彼の思想を学びはじめた。この学びはわたしの生涯を通してさまざまな問題意識をもって続けられた。もちろん人間学的な視点がわたしの研究の特徴であったが、それでも主題は「良心」、「意志」、「自由」と代わり、ここ一〇年間は「霊性」に集中しながら研究を続けてきた。聖学院大学が「霊性の育成」を教育目標として掲げているところに深い共感を覚えたからである。「霊性」とはラテン語の spiritus や英語の spirituality の訳語である。このことばは信仰や信心、または宗教心を意味する。しかし、わたしはこの「霊性」を心の機能として「理性」と「感性」に関連づけて考察するように努めてきた。つまり、宗教的な作用である霊性を理性や感性といった心の作用と関連させて機能的に考察してきた。そのようにわたしを導いたのはほかならぬルターであった。

そこで、ここでは彼の思想の現代的意義よりも、もっと身近な今日的意味をこの「霊性」の視点から考察してみたい。とくに今日、「自殺」問題が現代における重大な問題として浮上してきたからである。この問題はわたしの周囲においていつも発生した。聖学院大学の欧米文化学科でもわたしがその学科長を務めていたときに起こった。その亡骸《なきがら》を前にして途方に暮れたご両親と痛みを分かちながら、わたしの至らなさを痛感した。そこで今日緊急のテーマとして霊性について話したい。というのは、わたしたちの「魂」はその生きる意味を「霊性」からくみとっているからである。この霊性が生命的に枯渇するようになると、人は「死」を願うようにならざるをえない。この点を考慮してルターの思想をここで再検討してみたい。

1　現代は霊性を喪失した時代である

現代はこれまで思想史的に考察して一般に「無神論とニヒリズムの時代」として特徴づけられてきた。しかし今日ではこの状況はいっそう深刻化しており、一方における各個人による勝手な好みによる宗教の多元主義が蔓延《まんえん》し、他方において狂信的なテロリズムが頻発することによって危機的な状況が露呈されるようになってきた。この多元主義とテロリズムとの二極分化した現実のなかにわたしたちは現代の霊性の危機的な状況を理解しなければならない。その際、わたしたちはこれらの現実が現代社会の特質から起こっていることを認識すべきである。というのは近代人が獲得した個人の自由は、一方に個人主義から個我主義（エゴイズム）に変質し、他方に集団主義に転落したラディカリズム（過激派）に変質しているからである。ところで人間の内なる霊は自己を超えた超越的な力と出会う場であるが、自我の意識が高まるに応じてこの力を感じる度合いが反比例的に衰えるか、この力が悪魔的な勢力を挑発してわたしたちの心に破滅的に臨んでくることが起こる。

もちろん、その力がルターのように恵み深い神の力としてあらわれる場合もある。しかし、現代においては一般的に自我が肥大化することによって超越的な力が感得されず、霊性が消滅する方向に向かう場合と、悪魔的な勢力によって過激で悪質なカルト集団に転落する場合とが起こっている。しかし、ルターの信仰では、悪魔的な勢力と対決し、それを克服するために、恵み深い神が探求され、神は無から有を造り出す創造神として把握された。このような対立からルターと現代の霊性との特質を考察してみたい(84)。

そこでまず現代の宗教社会学者バーガーの考えを参照し、彼が社会学者としてごく控えめにではあっても、実際に探求可能な方向を示唆している点を取りあげてみよう。それは経験的な人間状況のなかに「超越のしるし」を求め、そのようなしるしを示す原型的な人間の行動を示すことである(85)。

バーガーは『天使のうわさ』のなかで、こういう行動を日常生活のなかから取りあげて、そこに超自然的なしるしを読みとっている。その要点をあげると次のようになる。

(1) 母親に対する子どもの信頼

よく見られることであるが、悪い夢でも見ると、子どもは夜中に目がさめて、自分が一人ぼっちで闇に囲まれ、言いようもない脅迫感に取り巻かれていることに気づき、恐怖を感じて母親を求めて泣く。このようなときの母親は、保護してくれる女祭司長として呼び求められている。この現象にバーガーは着目し、危機的な状況からの脱出の可能性を捉える。母親は子どもに安心を与える言葉を語りかけることによって、この母子の現在の混沌状況を超越する意味深い現実そのものが呼び寄せられている。

(2) 楽しい遊びがもたらす解放と平安の不思議な性質

次に子どもが遊びに夢中になって現実を超えた世界に入っていくことが観察されている。そこにバーガーは超自然的な経験のきらめきを感じとっている。「ある小さな女の子たちが、公園で石けりをして遊んでいた。女の子たちは、全く遊びに熱中し、周りの世界のことは忘れ、夢中になって楽しんでいた。この子たちにとっては、時間は静止し、否、より正確には、時間はこの遊びの運動のなかで崩《と》けてしまい、そとの世界は、この遊びが続いている限り、存在を中止してしまったのである。そして、この世界の律法である苦しみと死も（小さい子たちには、この事は分らないだろうが）存在しなかったことを意味している」。幼児期には死を意識することがない。成長すると遊びは幼児の祝福に満ちた時代の反復となり、さらに成人が真の喜びをもって遊ぶとき、瞬間的にではあるが、幼児期の死の恐れのなかった状態を回復する。激しい苦悩や死のさなかに遊びがなされるときにこのことは判然とする。

(3) 希望

人間は自己の計画を立てて常に未来に向かって行動している。この人間の本質的な「未来性」は「希望」である。この希望を通して、人間は現実のあらゆる状況の困難を乗り越える。またこの希望によって極度の苦難に対決しつつ何らかの意味を見いだそうとする。このことは死に直面した場合にそれに対して「否」という点によく示されている。

死に取り囲まれているこの世界で人間は、死に対してどこまでも「否！」と言い続けるが、この「否！」によって別の世界への希望と信仰に導かれる。この希望からの論証は、経験的に与えられたものからの、帰納論理の方向に従い、経験から出発するが、経験のなかにあるそれを超越する意味や意図を重要視しており、それを超越的現実のしるしと見る。ここに示した同様の分析をマルセルがかつて『希望の現象学と形而上学に関する草案』(86)のなかで行っていた。

（4） 形而上学的な問いの厳存

一般に現実の社会では「死」のような周辺的経験が中心的経験へと結びつけられており、周辺的であることの恐怖を葬儀などの儀式によって和らげられている。それによって周辺的経験の現実に意識が向けられるようになっている。こうして日々の生活で喪失されている形而上学的なものに対して社会の行事は人々の目を開かせている。バーガーはいう、「人間生活は、常に昼の面と夜の面があるが、人間の世界内存在の故に、必然的に昼の面が常に『現実の最も強いアクセント』を受けたのである。しかし夜の面も、その邪気が払われることがあっても、否定されたことは殆どない。世俗化の最も驚くべき結果は、まさにこの否定であった。現代社会は、出来るかぎりこの夜を意識の中から消去したのである」[87]と。ここで「夜の意識」というのは「人生の目的とは何か」「なぜ私は死ぬのか」「私はどこから来てどこへ行くのか」「私は誰か」というような形而上学的な問いのことである。これらの問いを切り捨てると、人間経験は縮小され、貧困化し、軽薄な生活しか残らなくなる。

このように社会学者バーガーは人間学的観察を通して、世俗化された社会における「超越のしるし」を現実の経験からくみだしている。これは発見的な方法である。そこに発見されている超越的な次元は、日常生活の外に一歩超え出る経験であり、わたしたちのまわりを取り囲んでいる神秘に対する開かれた態度なしには成立しない。だから哲学的人間学の名にふさわしい学問の営みは、これらの経験の知覚を取り戻し、それによって形而上学的次元を復活させ、失われた生を回復させることから成立している。

2　今日における「健康の定義」

一九八四年第三七回WHO総会での議決文[88]には、「スピリチュアルな側面は、物質的な性格のものではなく、人間の心と良心にあらわれた思想・信念・価値及び倫理、特に、高遠な思想の範疇《はんちゅう》に属する現象」と規定され、健康の定義が改正される動議が出された。以前の定義「健康とは、肉体的、精神的及び社会的に完全に幸福な状態であり、単に疾病や病弱がないということではない」であったが、これに対し改正案では、「健康とは、肉体的、精神的、霊的及び社会的に（physical, mental, spiritual and social）完全に幸福な動的状態であり、単に疾病や病弱がないということではない」となっている。このような提案はイスラム世界の影響を考慮して採用されるには至らなかったが、それが問題になったことは重要である。なぜなら健康が「肉体的、精神的、霊的」に規定されると、伝統的な人間学の三区分法の復活となり、「良心」の現象が取りあげられると、ルターの「良心宗教」との接点が与えられるからである。同時に行われた霊性に関する国際比較調査も重要であって、霊性に三つの領域が設定され、①「人間関係」、②「生活の規範」、③「超越」が区分され、「心の平静」や「内的な強さ」、「他者への愛着」などが優先的な関心であることが判明した。

3　ルターにおける霊性の特質

そこで、この霊性がルターではどのように理解されていたかを考えてみたい。宗教が世俗化し多元化した現代において宗教心を意味する霊性が全く喪失していることは考えられない。霊性は理性や感性と並ぶ心の機能であって、その作用が外力の影響を受けて妨げられたとしてもなくなることはない。それゆえ霊性は、旧約聖書の冒頭から問題となっているように、聖書の伝統に深く根ざしている。この霊性をルターはドイツ神秘主義の影響を受けながら自己の宗教経験の特質を表現するために採用した。

その際、人間学的三区分「霊・魂・身体」が重要である。これについてのルターの思想は、その著作『マグニフィカト（マリアの讃歌）』（一五二一年）で完成した姿を提示するようになった。そこで最も重要なのは「霊」の自然本性的理解である。彼は次のようにいう。

霊（Geist）は人間の最高、最深、最貴の部分であり、人間はこれによって理解しがたく、目に見えない永遠の事物を把握することができる。そして短くいえば、それは家（Haus）であり、そこに信仰と神の言葉が内住する。(89)

この「霊」についての記述のなかで最初に注目すべき点をあげると、それが①「人間の最高、最深、最貴の部分」であること、②それが「信仰と神の言葉が内住する」「家」（Haus = Wohnung）といわれており、(90)さらに③「霊」の機能は不可解で不可視な永遠の事物を把握することであることが指摘されている。上の文章の「永遠の事物」とは御言葉によって啓示された神自身であって、霊は信仰によってこれに関わる。そのことは先述の「家」という表現により示されている。そして霊は、理性の光も自然の陽光も照らさない、したがって暗闇のなかにある、神の住まいであって、そこに内住する神の言葉の語りかけを聞いて信じるという機能を備えもっている。

「霊」が「光なく信仰の暗闇の中にある神の住まい」（gotis wonung ym finsterun glawbe oh liecht〔原典のまま引用〕）と明瞭に規定され、信仰こそ感覚も理性も通じない「永遠の事物」に関わる基本的態度であると説かれた。それに対し「魂」は理性的認識の作用であり、「霊」の働きから明らかに区別される。「霊」は人間の最内奥であり、その信仰によって聖《きよ》さを保っているが、信仰が失われると、霊は神の前に堕落し、かつ、死滅する。しかも「霊」は信仰によって「魂」の理性を統制する働きをもっている。なぜなら理性は神的事物を扱うにはあまりに無力であって、「霊がより高き光である信仰により照らされて、この理性の光を統制しないならば、理性は誤謬《ごびゅう》なしにあることは決してありえない(91)」からである。

このような統制のもとに秩序が確立されないなら、人間生活の混乱が生じる。そのありようをルターは次のように語っている。「霊が保たれるなら、それによって魂と身体は過誤や悪しきわざを犯さずにとどまりうるが、霊に信仰がない場合、魂と全生活が正しく保ち誤りに陥らないようにすることは不可能である(92)」と。

4 霊の機能的な意義

ところで近代ヨーロッパにおいて生じた世俗化は、「霊・魂・身体」という人間の三重構造に対し破壊的作用を及ぼし、霊性を非宗教化させながら変身させてしまった。この点は啓蒙主義者カントの人間学的な三区分に典型的にあらわれている。哲学のなかでもプラトンの伝統に立つ場合には、理性が悟性と理性とに分けられ、理性・悟性・感性という三つの機能によって認識が構成された。これに従ってカントは人間の認識能力を感性・悟性・理性の三部分に分けて批判的に検討した。感性は事物の印象から表象知を作り、悟性は学問的認識によって科学知を作り、理性は体系的知識として観念知を作り出す。その際、理性は超越的な対象に関わる機能が認められ、悟性と感性に対し導きの星となる統制的使用が認められた(93)。しかし、理性は大抵の場合その使用方法を間違えて、独断的な形而上学に陥っていると批判された。とはいえカントは理性の統制的使用によって霊性の作用を認めていた。この点ではカントはルターの霊性に形式上は近づいており、理性が霊性の役割を演じているとしても、理性は生ける人格神との関係をもたないで、単なる理念に関与しているにすぎない。

わたしたちは「霊性」を感性や理性（カントの場合には悟性）を超えた心の一つの作用として捉えることができる。一般には気づかれていないとしても、理性を超えた心の能力もしくは作用がわたしたちの心には現に宿っている。どんなに理性の働きが謳歌され、合理的な科学の時代に入ったとしも、それでもなお霊性が現に存在している。これがあるかぎり洋の東西を問わず、宗教は必ず成立する。一時的にそれが曇らされたり、あるいは歪められたり、あるいは働きがなくなるほど打撃を受けたとしても、それでもなお、それは存在する。この霊性の作用に対する確信からもう一度、わたしたちは無宗教の時代にあっても新しく世界と自己との宗教的な理解を開始することができる。

5　身体的な死と霊的な死

第7講でも触れたが、ルターの宗教生活の発端となっているは死の恐怖であった。一五〇五年七月シュトッテルンハイム近郊で彼は稲妻を伴った激しい雷雨に打たれた。この死の経験が彼をして求道に向かうように強いた。彼は「わたしは好んでまた憧れからではなく、突然に死の恐怖と苦悶にとり囲まれて、自発的でない強制的な誓約を立てた」(94)とその時の状況を回顧して語っている。さらに修道院において彼が経験した内的危機も死の問題と関わっている。彼が修道士になるとの誓約を実際に果たしたことは、人々により賛嘆されたものであったが、現実には死の試練に彼は見舞われることが多かった。

ルターが経験している死は身体的な自然死ではなく、罪の意識と密接に関係しているもので、霊的な意味での死とみなすべきである。彼は自然死と霊的死とを『ローマ書講義』（一五一五―一六年）で区別して次のように説いている。

そこで注意すべきことは、死が二重であること、すなわち、自然的な、あるいはむしろ、時間的な死と永遠的な死とがあることである。時間的な死というのは身体と魂との分離である。しかし、こういう死は比喩であり、似像であって、（霊的である）永遠的な死に対比すると、壁に描かれた死のようである。だから聖書では、しばしば眠り、憩い、まどろみともそれは呼ばれる。(95)

死が身体的な非存在の脅威としてではなく、罪の意識を伴い、そこに「死の恐怖と苦悶」として迫ってきている点に注目すべきである。

6　死における生と信仰の修練

こういう経験を通して死と生とを見る人間的見方と信仰の見方との対立が明らかになる。人間の目は生から死の方向ですべてを見て絶望するが、神の創造のわざを信じる信仰の目は死から生への方向ですべてを捉える。というのも人間と神とは世界と人生に対する見方が正反対になっており、あたかも神が印章そのものを見ているのに反し、人間はそれが蠟《ろう》に刻印された形を見ているのに等しいからである。つまり事態そのものを神は見、人間はそれの外観によってあざむかれている。こうして神の目には生命であるものがわたしたちの目では死であり、わたしたちのもとで一時的であるものが、神のもとでは一時的ではなく、わたしたちの変化を力強く創り出している。だから神は死を永遠の生に至る道程として捉えているのに、人間はただ短い生にしがみついて、死から目をそらし、死を真剣に考えようとしていない。神はこういう人間に対し律法の声と福音の声とで語りかけ、死を通して生へと信仰の訓練をなしたもう。

律法の声は「生のさなかにあってわたしたちは死のうちにある」と安心しきった者たちに不吉な歌をうたって戦慄させる。しかし、他方、福音の声は「死のさなかにあってわたしたちは生のうちにある」と歌って力づける。(96)

ここに流れる基調は、死の陰惨なペシミズムではなく、むしろこれを絶え間なく乗り越える、永遠に存続する生命への信仰と希望である。このような死生観は、詩編九〇編の講解の少し前に行われた『ガラテヤ書講解』(一五三一年)のなかで、律法と福音という教義学の主題にもとづいて展開している。そこには生と死の関係が次のように述べられている。

それゆえ、二重の生がある。つまりわたしの生である自然的、心霊的なものと、他なる生、したがってわたしのうちなるキリストの生とがある。……だからパウロは自己のうちに生きて律法によりまったく死んだが、キリストのうちに、あるいはむしろ、パウロのうちに生きるキリストに従って他なる生を生きる。

なぜなら、キリストが彼のうちに語り、すべてのわざをなしたもうから。(97)

したがってルターでは「死の死」が永遠の生命に飛躍しており、キルケゴールが『死にいたる病』で述べていた死ぬことにも絶望している状況とは相違した見方となっている。同じく『ガラテヤ書講解』でルターは次のようにいう。

いな、わたしは死んでいて、そして生きている、ともに十字架につけられている。どうしてそうなのか。驚嘆すべき説教である。わたしは死ぬことにより、十字架につけられることによって生きるのである。つまり、このように死と罪とから解放されることによって、真にわたしは生きるのである。なぜなら、わたしが律法に死ぬ死はわたしにとり生命であるから。わたしが律法に死ぬかの十字架につけられるということは、キリストがわたしの死を殺し、悪魔を磔刑《たっけい》にし、わたしの律法を縛り、かつ、わたしがこのことを信じるがゆえに、まさしく復活なのである。(98)

詩編第六八編二〇節には「主は死の出口である」（Dominus exitus mortis）という言葉がある。このテキストは日本聖書協会の口語訳聖書では「死からのがれ得るのは主なる神による」と訳されている。死に閉ざされた窮地こそルターの宗教生活の出発点であったが、死の試練のさなかにあって彼は神の生命の庇護のもとに自分の良心がかくまわれていること、つまり恩恵の神を見いだした。彼はこれを「信仰が死のなかで生の訓練を受ける」[99]経験として理解したのである。

こうして彼は信仰によって「死のさなかにあってわたしたちは生のうちにある」（Media morte in vita sumus.）と高らかに賛歌を奏でることができたのである。

（二〇〇四年、聖学院大学アッセンブリアワーでの講話）

第10講

日本的霊性とヨーロッパ思想

はじめに

わたしたちはヨーロッパ思想のかたちをヨーロッパ文化がもっている最大の特徴と思想内容から考えてみなければならない。この文化はそれを全体としてみるならば、キリスト教とギリシア文化の総合として生まれてきており、それを実現した主体はゲルマン民族であった。[100] その際ヨーロッパ文化がギリシア的な「理性」とキリスト教的な「霊性」との総合から成立していることは自明のことに思われるとしても、きわめて重要な契機である。

日本語の「霊魂」が「霊」と「魂」の合成語であるように、「魂」という実体には「霊」の働きも含まれる。ところがヨーロッパ文化はギリシア文化とキリスト教との総合として形成されたので、自然本性的な「霊・魂・身体」の三分法がヨーロッパ思想で大きな役割を演じたのみならず、宗教的な神関係に立つ「霊と肉」が大きく関与し、「霊」の意味内容が一般的な意味での「精神」と区別された独自の内容をもつものとなった。

今日では「霊」(spirit)や「霊性」(spirituality)という言葉が鈴木大拙の『日本的霊性』によって日本語としても定着しつつあるが、ヨーロッパ語でも一般には明確には確定されていない。もちろんヨーロッパ思想史ではキリスト教によって「霊」と「霊性」とが明瞭に説かれてはいても、総じて「心」・「心情」・「良心」などがその代用となっていた。

これまでは、日本ではヨーロッパ文化は近代化や合理化の典型として賛美され、模倣されてきた。明治以降ヨーロッパを学ぶことは、ルネサンス以降の近代化と合理化を学ぶことであった。しかし近代化や合理化の起こした弊害が大きいのも確かで、現在、手放しでヨーロッパを賛美する人はいない。けれども中世からの流れを追ってみると、近代化や合理化はヨーロッパ文化のほんの一側面であって、ギリシア文明の「知性」とキリスト教の「霊性」の融合したヨーロッパ文化は、そのほかにも素晴らしい卓越した要素をもっている。ところが日本におけるこれまでのヨーロッパ思想の受容は、生命の根源である霊性を除いた、亡霊となった屍《しかばね》をありがたく採り入れたにすぎなかった。したがって、ヨーロッパ思想の生命源である霊性を学び直すことは今日きわめて重要である。

1　日本人の霊性について

そこでまず、日本人の霊性理解について考えてみたい。最近ではよく知られるようになった鈴木大拙の『日本的霊性』が最も先駆的な業績なので、ここから始めたい。大拙の説く「日本的霊性」は鎌倉仏教において創造され、日本的な宗教性の伝統を形成している。彼は霊性の普遍性と特殊性について次のようにいう。

霊性は、……普遍性をもっていて、どこの民族に限られたというわけのものでないことがわかる。漢民族の霊性もヨーロッパ諸民族の霊性も日本民族の霊性も、霊性である限り、変ったものであってはならぬ。しかし霊性の目覚めから、それが精神活動の諸事象の上に現われる様式には、各民族に相異するものがある、即ち日本的霊性なるものが話され得るのである。(101)

このように霊性を分けることができるかもしれない。

彼は宗教の大地性を強調する。「霊性の奥の院は、実に大地の座に在る。……それゆえ宗教は、親しく大地の上に起臥する人間――即ち農民の中から出るときに、最も真実性をもつ(102)」。こうして彼は日本的霊性の特質を越後の農民の間にあって大地的霊性を経験した親鸞の『歎異抄』から解明した。ところで『日本的霊性』の「緒言」には霊性の定義が次のように与えられている。

精神または心を物（物質）に対峙させた考えの中では、精神を物質に入れ、物質を精神に入れることができない。精神と物質との奥に、いま一つ何かを見なければならぬのである。二つのものが対峙する限り、矛盾・闘争・相克・相殺などいうことは免れない、それでは人間はどうしても生きていくわけにいかない。なにか二つのものを包んで、二つのものがひっきょうずるに二つでなくて一つであり、また一つであってそのまま二つであるということを見るものがなくてはならぬ。これが霊性である。……いわば、精神と物質の世界の裏にいま一つの世界が開けて、前者と後者とが、互いに矛盾しながらしかも映発するようにならねばならぬのである。これは霊性的直覚または自覚によりて可能となる。霊性を宗教意識と言ってよい。……霊性の直覚力は精神のよりも高次元のものであると言ってよい。それから精神の意志力は、霊性に裏付けられていることによって初めて自我を超越したものになる(103)。

ここには日本的な霊性についての優れた見解が示されているが、わたしはここで晩年の西田幾多郎がこの霊性をどのように受けとめていたかについて触れておきたい。大拙の書物が出た翌年、西田は『場所的論理と宗教的世界観』(一九四六年)のなかでこの霊性を「心の根底」として捉えて、次のように語った。

我々の自己の根柢《こんてい》には、何処《どこ》までも意識的自己を越えたものがあるのである。

これは我々の自己の自覚的事実である。自己自身の自覚の事実について、深く反省する人は、何人《なんぴと》も此《ここ》に気付かなければならない。鈴木大拙はこれを霊性という（日本的霊性）。而《しか》して精神の意志の力は、霊性に裏付けられることによって、自己を超越するといっている。……宗教心というのは、何人の心の底にもある。しかも多くの人はこれに気付かない。……宗教的信仰とは、客観的事実でなければならない、我々の自己に絶対の事実でなければならない、大拙のいわゆる霊性の事実であるのである。我々の自己の底には何処までも自己を越えたものがある、しかもそれは単に自己に他なるものではない、自己の外にあるものではない。そこに我々の自己の自己矛盾がある。此《ここ》に、我々は自己の在処に迷う。しかも我々の自己が何処までも矛盾的自己同一的に、真の自己自身を見出す所に、宗教的信仰というものが成立するのである。故にそれを主観的には安心といい、客観的には救済という。[104]

西田は霊性を「心の根底」という客観的事実として捉え、そこに宗教的な超越と「矛盾的自己同一」もしくは「逆対応」の事実が見られる点を指摘した。このように大拙も西田も、精神と物質の二元論を超克するのが両者の根底にある霊の作用である、と説いた。ここには「精神・物質・霊」の三分法が説かれている。同じことはキリスト教の歴史においても「霊・魂・身体」の三分法が聖書以来今日まで説き続けられている。(105)

さらに西谷啓治は、西田の思想を受け継ぎながらニヒリズムの強い影響のもとに、意識を超えた存在の根底を虚無において捉え、次のようにいう。

意識の場は、自己という存在と事物という存在との係わりの場であり、要するに存在だけの場、存在の根柢にある虚無が蔽い隠されている場である。そこでは自己も、……一種の客観化を受け、「存在」として捉えられる。併《しか》しその意識の場、存在だけの場を破って、その根柢なる虚無に立つ時、自己は初めて客体化を受けぬ主体性に達し得る。それは自己意識よりも一層根源的な自覚である。(106)

このように霊性が理解されているが、そこには仏教とキリスト教では相違点も明瞭であって、キリスト教は根源的聖者イエスもしくはその使徒たちとの時空を超えた人格的な触れ合いを通して聖なるものを霊性が感得するのに対し、仏教では悟りが中心であるため知的な直観によって自然を超えた聖なる法を捉えることがめざされる。そこから霊性の人格的情緒的側面と知性的直観的側面との相違が明らかになる。したがってキリスト教の霊性理解は人格的な特質にあると認めることができる。

2 ヨーロッパの人間学における霊性の特質

したがって、わたしたちはヨーロッパ的「霊性」(spirituality)の人格的特質がキリスト教に由来するものであり、人間学的に捉えた三分法(霊・魂・身体)と心性の三段階(感性・理性・霊性)として歴史的に発展してきたことをここで想起したい。昔から心の作用は三つに分けて考えられている。第一に感性(感覚的対象の感受作用と印象の形成)が、第二に理性(感覚的データを判断し知識を造る作用、つまり判断力と推理力)が、第三に霊性(感覚的世界を超越し、法則的思想世界をも超えて永遠者を捉える作用)が、それぞれ人間に生まれながら備わっていると一般的に考えられている。そのなかでルターの理解が優れており、次のようにいわれる。

第一の部分である霊（Geist）は人間の最高、最深、最貴の部分であり、人間はこれによって理解しがたく、目に見えない永遠の事物を把握することができる。そして短くいえば、それは家（Haus）であり、そこに信仰と神の言葉が内住する。(107)

このような人間学的な区分法から見ると、「霊」が最上位に位置しており、理性と感性とがその下位に立つ三段階の図式が一般に認められている。このように霊を理性よりも高いものであると位置づけることは、エックハルトに始まっている。彼はそれを言いあらわすためにGrundという言葉を使った。それは魂の深部にある働きで、「魂の根底」（Seelengrund）ともいわれた。この概念を中心にして思想を新たに展開していったのがエックハルトの弟子のタウラーであり、このタウラーからルターは大きな影響を受けた。

ところがルターの『キリスト者の自由』では、信仰におけるキリストと魂の関係が人格主義的に把握されており、しかもその関係が「逆対応」として次のように語られている。「かように富裕な高貴な義なる花婿キリストが貧しい卑しい娼婦を娶《めと》って、あらゆる悪からこれを解放し、あらゆる善きものをもってこれを飾りたもうとしたら、それは何とすばらしい取引ではないか」[108]。ここでの「義なる花婿」と「卑しい娼婦の花嫁」との結合関係は、完全に「逆対応」となっている。なぜなら神と人との結合は花婿と花嫁との結婚のように一般には類似性によって成立しているのに、ここでは義人と娼婦といった非類似の関係に立っているからである[109]。

さらに重要な点は、ヨーロッパ思想では霊を単独に理性や感性と切り離して論じることが避けられてきたということである。というのは、宗教改革時代の霊性主義者たちのように霊性だけに立脚すると、過激な思想に走って、社会に混乱を生み出しやすいからである。それゆえヨーロッパ思想では、霊性は人間学の区分法のなかで考察された。

したがってヨーロッパの思想史では、キリスト教の介入によって心身の総合としての「霊」（spirit）と「霊性」（spirituality）が強調され、「霊（spiritus）・魂（anima）・身体（corpus）」という三分法の伝統が形成された。この三分法はパウロの言葉「あなたがたの霊も魂も体も何一つ欠けたところのないもの」(テサロニケの信徒への手紙一　五・二三、新共同訳聖書)に由来しており、[110]ギリシア的な心身の二区分にキリスト教的な「霊」が加えられて、オリゲネス以来説かれてきた。またプラトン主義の影響を受けたアウグスティヌスも心身の二元論とは別に霊性を説いた。この三分法は一六世紀の人文主義者エラスムスに「オリゲネス的区分」として伝わり、聖書学者であったルターでは聖書から直接に継承された。さらに注目すべきは、キルケゴールがこれを独自の思想的な視点から発展させていることである。

3　霊性の機能

「霊」および「霊性」はさまざまな観点から考察することができる。最近シェルドレイクが『キリスト教霊性の歴史』[111]で試みたように、その多様な形態を概観するだけでも厖大《ぼうだい》な資料を参照しなければならない。しかし、わたしは多様に展開する形態のなかに同一の作用が認識されうると考え、霊性思想の歴史的展開のなかに同一の機能が把握できると考えるようになった。それが霊性機能の研究である。その機能のなかで感得作用と超越作用および媒介作用について典型的事例に則して紹介してみよう。

(1) 感得作用と受容機能

感得作用とは単なる外的な感覚ではなく、心の奥深く感じとることをいう。それはパスカルが心情の直観について次のように語っているときに明瞭である。「われわれが真理を知るのは、推理によるだけでなく、また心情によってである。われわれが第一原理を知るのは、後者によるのである。……原理は直感され、命題は結論される。……それだから、神から心情の直感によって宗教を与えられた者は、非常に幸福」である。[112]この心情の直観は宗教の真理を認識する際に重要な働きをする。「神を感じるのは、心情であって、理性ではない。信仰とはこのようなものである。理性にではなく、心情に感じられる神(Dieu sendible au coeur)[113]」といわれているように、心情の直観は思惟(pensée)でありながら、神を愛する傾倒なのである。したがって心情の直観は「信仰の目」とも呼ばれる。それゆえ、パスカルの真理認識の方法は、理性を否定して、その廃絶の上に信仰を立てようとはしない。理性は幾何学のような確実な論証しかなしえないが、「理性の最後の歩みは、理性を超えるものが無限にあるということを認めることにある」[114]とあるように、謙虚に自己の本分に立ち返っている。この理性は現実を認知する働きをもっており、論理的理性に代わる「現実の理性（理由）」（raison des effets）と呼ばれる。[115]謙虚になった霊は神に対し徹底的な受容機能を発揮する。Actio Dei est passio nostra.[116]

（2）超越作用

次に霊性の機能は内的な感得作用だけでなく、自己を超えて神に向かう運動である。典型的な事例をアウグスティヌスの「内面性の命法」で観察できる。それは聖なるもの（神）へ向かって超越することをめざし、外的な感覚から自己の内面たる「精神への超越」と精神を超える聖なる「神への超越」との二重の運動から成っている。まず、自己の内面への超越は「外に出ていこうとするな。汝自身に帰れ。内的人間のうちに真理は宿っている」という言葉で示される。「外に」とは自己の面前に広がっている世界の全体である。世界の外的現象は感覚を通して知覚の対象となっている。だが感覚ほど人を欺くものはない。感覚ではなく理性の作用によってこそ世界は認識される。そこで理性の認識対象である真理が宿っている、精神の領域に立ち返らなければならない。これが第一の命法の説いているところである。ところが、人間の精神は残念ながら有限で、誤謬を犯すことを免れていない。そこで第二命法が第一のそれに続いて「そしてもし汝の本性が可変的であるのを見いだすなら、汝自身を超越せよ」[117]と告げられる。この場合の「汝」というのは「理性的魂」(**ratiocinans anima**)を指しており、それを超えていく上位の機能は「知性」(**intellectus**)もしくは「直観知」(**intelligentia**)と呼ばれる。これらの認識機能は永遠の理念のような超自然的な対象に向かうがゆえに、理性をも超越しており、宗教的には霊性を意味する。ここに霊性の機能が「外から内へ、内から上へ」という二重の超越の道となっている。

(3) 媒介機能(心身の統合としての霊の作用)

「霊・魂・身体」の三分法のなかで霊は魂と身体という心身を統合する媒介機能をもっている。キルケゴールがこの点を最も明らかに説いた。それは「精神」の定義に示される。彼は『死にいたる病』で人間的な精神を「関係としての自己」として捉え、次のように述べた。「人間は精神である。しかし、精神とは何であるか？　精神とは自己である。しかし、自己とは何であるか？　自己とは、ひとつの関係、その関係それ自身に関係する関係である」[118]。このように精神は関係する行為主体であって、自己に関係しながら他者に「関係する」、つまり態度決定すると語られる。しかもキルケゴールの人間学的前提からすると、人間は身体と魂の総合として精神である。この「精神」こそ「自己」として語られているものであるが、精神が自己の内なる関係において不均衡に陥ると、絶望と苦悩の状態が生じる。その際、精神は身体と魂に対して総合する第三者ではあるが、このような関係に精神を置いた永遠者、つまり神との関係において、絶望を克服することが可能となる。この「精神」（Geist）は「霊」とも訳すことができる。精神は水平的な自己内関係と垂直的な神関係を内属させており、動的で質的に飛躍する「信仰」を秘めている。こういう精神こそキルケゴールの霊性を意味する。なお彼は人間学的三区分法について言及し、「人間はだれでも、精神たるべき素質をもって創られた心身の総合である」[119]（傍点筆者）という。ここに精神である霊の機能が、心身を媒介する機能であることが判明する。

心身の統合としての霊の作用はヨーロッパの思想史を通して確認できる。それはプラトンからヘーゲルに至る理性的な哲学の普遍思考のなかにも、キリスト教信仰のなかにも多様な仕方であらわれている。[120]一般的にいって理性的な精神は身体に比べると無力であり、パトス的な情念の反発を引き起こすが、そのような場合でも心身を統合する霊は自己を超えた力によって統合を混乱させたり、回復させたりすることができる。問題はこの統合作用が全く無視されたり、弱められたり、あたかもないかのように隠蔽されたりする場合に起こる事態である。たとえばヨーロッパの場合には、最高価値（神と聖価値）の否定として無神論とニヒリズムが発生し、世界観として定着すると、今日、世紀の病として猛威を振るうようになる。

4　霊性と愛の関係

ヨーロッパの霊性思想では、霊性の生命は愛によって他者に積極的に働きかけると理解される。一般的にいって、神秘的な霊性に生きる者は内面性を強調しながらも、同時に隣人・社会・政治に対し積極的に関与し、外的な実践活動に携わっている。この点で東洋的な静寂主義とは基本的に相違している。ベルナール、フランチェスコ、ボナヴェントゥラ、エックハルト、タウラー、ジェルソンがそのよい例であったし、ルターと激しく対決したミュンツァーや霊性主義者たちもこの系列に属する。ここで一般的に霊性についていえることは、「内面に深まることが同時に外に向かって活動する実践を生み出す」、つまり霊性の深化が力強い実践への原動力となっていることである。(121)

比較宗教学者ワッハがあげた真正な宗教経験の特質の一つには、「真正の宗教的経験の第四の基準はそれが行為に駆り立てるということである」とあって、(122)霊性と社会的実践との関連が重要な意味をもっている。またウィリアム・ジェイムズによると「わたしたちの実践的態度こそ自分が本当のキリスト者であることの唯一確実な証明であり、それはまたわたしたち自身にとっても妥当する」。(123)したがって、わたしたちの経験が行為になっていく度合いが霊性の度合いを示すことになる。東洋と西洋およびヨーロッパとアメリカとの間で、また伝統主義者と進歩主義者との間で、宗教的行為に関し消極的であるべきかそれとも積極的であるべきかと論議が交わされたが、現代の優れたヒンズー教徒であるラダクリシュナンは、カースト制度のもとではこれまでのヒンズー教が社会的行動と社会的関係の改善に関して不十分であったことを指摘している。キリスト教においては「マリアとマルタ」姉妹の物語によって信仰と行為との関係が論じられているが、一般的にいって、宗教はまず自己が「どう在るべきか」という存在の問題に集中し、次に「何をなすべきか」という倫理の問題に関心を寄せるといえよう。したがってエックハルトでも強調されているように、「マリア〔信仰者〕は成熟してマリアとなるためにはマルタ〔奉仕者〕とならなければならない[124]」といえよう。

　これまで語ってきた「霊性」は超越的な存在である神を捉える働きであったが、実はそれに優って「愛のわざ」を生み出している。パウロがコリントの信徒への第一の手紙で「霊的な賜物《たまもの》」について論じ「知恵・知識・信仰・癒し・奇跡・預言・異言」について述べてから「もっと大きな賜物」また「最高の道」として「愛のわざ」を指摘した〔第一三章参照〕。そのなかでも「愛は自分の利益を求めない」〔五節〕という点に注目したい。というのは、キリスト教の霊性の特質は実にこのような自己愛を否定し他者に向かう愛のわざに求めることができるからである。この愛は人間に由来する愛でありながら、同時に神の愛によって活かされている。そこには愛の方向転換が認められる。[125]

5　心身の統合機能である霊性の今日的な意義

わたしたちは先に論じた心身を媒介して統合する霊性の作用を今日とくに強調すべきである。一般的にいって理性的な精神は身体に比べると無力であり、パトス的な情念の反発を引き起こし、混乱と不調和に陥り、統合失調をきたすことが多く見られるからである。実際、受動的な機能である霊には元来自己を超えた力によって統合を混乱させられたり、またその反対に統合を回復させたりすることが起こる。

わたしたちはこの霊性の統合作用、したがって心身を霊によって媒介する作用を医学的人間学から明らかにする必要がある。そこで身体・魂・霊という人間学的三分法を好んで説いたフランクルとヴァイツゼッカーの医学的人間学を取りあげてみたい。

（1）ウィーンの精神医学者フランクル（Viktor Emil Frankl, 1905-1997）は、人

生の意味を問う実存分析を提唱し、無意識のなかに潜む「精神的なもの」を重視するロゴテラピーという治療法を実施した。[126] 彼によれば人間は価値の実現をめざす「意味への意志」をもつ存在である。この意志によって価値が実現される。人間は自らの人生を意味によって満たす存在であって、生きる意味を求める。それゆえ、それが阻止されるとき、人間は欲求不満に陥り、病む者となる。

彼はヨーロッパ人間学の伝統的な三分法を重要視する。それは人間に備わっている心身関係を精神的なものから切り離すことはできないからである。この心身と精神との関連について彼は次のように主張した。

人間というのは、身体と心と精神との三つの存在層の交点、それらの交叉点であるということになります。この三つの存在層はそれぞれどのように明確に区別しても明確すぎるということはありません。……しかしこの統一体、この全体の内部で、人間の中にある精神的なものが、人間に付随している身体的なものや心的なものと「対決して」いるのです。こうして成立している関係が、私がかつて精神と心の拮抗関係（der noo-psychische Antagonismus）と名づけたものなのです。心身の並行関係が絶対的なものであるのに対して、精神と心との拮抗関係は随意的なものです。……外見のみはきわめて強大なものにみえる心身に対して「精神の抵抗力」を喚起すること、これがつねに渝《かわ》ることなく大切なのです。(127)

人間は、一方では遺伝や環境などの心身的な「事実性」によって制約されているが、他方では本来的にそうした「事実性を超えて」跳躍する自由な「制約されざる」ものである。それは「精神」のゆえに実現できるというのがフランクルの主張である。人間とは心身を統一する精神であって、それゆえに自由意志をもって自己実現できる存在である。このことが彼の医学的人間学の中心思想として論究された。(128)

精神としての人間は人格であって、良心を通して神との関係を維持している。「人間が人格であるというのもやはりただ、彼が超越者によって人格たらしめられている、つまり超越者からの呼びかけが彼に鳴りわたり響きわたる〔personare〕、その範囲内においてのみなのです。人間は良心においてこの超越者からの呼びかけを聴き取ります。良心は超越者がみずからの来訪を告げる場所なのです(129)」。こういう良心の場所は霊性の機能においても認められる。なぜならこの霊性は宗教的な良心と同様に神との関係のなかで超越するという特質をもっているから。「良心は、固有の心理学的事実として、すでに自分から超越性を指示しているからです。良心の超越的性格はわれわれに人間を、そしてとりわけその人格性一般をはじめてより深い意味で理解させてくれます。なぜなら、人間的人格の良心をとおして人間外の審級が反響してくるからです」（傍点は訳書）[130]。したがって良心は神と人間との関係を保つ場であって、霊性の機能を併せもっていることになる。

（2）ヴィクトール・フォン・ヴァイツゼッカー（Victor von Weizsäcker, 1886-1957）は『医学的人間学の根本問題』のなかで、デカルト的心身二元論から離れて、生ける人格の本質を、「反論理的なるもの」、「パトス的なるもの」、「交渉」などのカテゴリーによって捉えようと試みた。人間の現実はここでは自我と環境との不断の対決、常に新たにされる自我と環境との出合い、自我と環境との流動的な交渉に求められる。しかもこの交渉の挫折から生ける人間の反論理性が語られる。人格は理性、自由、自己存在という古いカテゴリーによってではなく、出会い・出来事・

確証・責任によって規定される。また「交渉」のカテゴリーを現実の人間の根本規定とすることによって彼はデカルト的主観性を克服した。[131]ここに人は他者との出会いと対話を通して心身相関の多様性から捉えられた。

彼は『病因論研究』で心身相関の医学を追究し、心で体験し精神で意識したことの意味を身体的事象の側から開示することが、可能でもあり必要でもあった点を反省する。そこで彼は器質身体的な事態（感染と炎症、組織中の水分の病的な動き、心拍の調節障害、筋肉の協調運動の調節異常など）の考察とならんで心因性を追求し、専門別の医学ではない総合の医学を探究する。その際、ヨーロッパにおけるキリスト教人間学の三区分法（彼の言葉でいうなら「身体・心・精神という組合せ」）を語ると、ややもすると抽象的思考の線に沿って哲学的に問題を整理するということになりかねないことを熟知している。それでも伝統的な病理学の発展から自然に出てくる問題設定に向かっている。「われわれにとってもっとも重要だと思われたのはむしろ、病歴〔病気の歴史〕を記述する特定の仕方であった。病歴のもっている価値と地位は、自然科学で実験的あるいは体系的な観察が占めている価値や地位に対応している。この実証的な素材を出発点にして、そこからさまざまな帰結や新しい問いを導くことができる」[132]。ここから彼は、独特の仕方で類型的に反復して出現するのを観察することができるものを生活史上の危機（Krise）という転回点から捉えようとする。この生活史というドラマから

病気と症状は心的な努力目標、道徳的な立場の設定、精神的な力などといった価値をおびていること、それによって生活史が、人格を構成している身体・心・精神の各部分に共通の基盤のようなものとして成立していることなどもわかってきた。次いでわれわれは……生のドラマに内在する必然的な構造のようなものを見出した。経過と形式が示すこのような構造秩序を把握した上で、そこではじめてその下部構造の諸部分を個々に規定することも可能になる。正反両方向の力、緊張、転機的な転回と交換、外部からの因果的条件と内部の主体的因果性、破滅と保存の関係、断念による調停、別の実存様式への変化、個人的次元と超個人的次元のあいだの動きなどの個別的な規定が可能になってくる。[133]

このような生活史的方法というのは説明ではなく、ものを観察する知覚の一種で

あって、心身相関の問題を説明するための基本的なカテゴリーの導入を意味する。ここから観察者の主体を導入する新しいパラダイム（認識の枠組み）の転換が遂行されたが、そうはいっても何らかの概念的規定なしに済ませるものでもないと彼は考える。(134)

（1）偶像化作用＝「ものの虜となる」

こうした霊性の媒介機能が医学において重要な意味をもっているが、病気にかかっていない一般的な日常生活のなかでも、生活に変調を引き起こす現象をマックス・シェーラーが指摘している。それは彼の説く「ものの虜となる」という現象によって解明することができる。

彼はまず霊の作用（霊性）を宗教的作用として把握し、それは神の啓示を受容するときの心の働きであって、信仰によって啓示内容を受容する作用であると説いた。すべての人はこの宗教的な作用をもっており、これによって人間は永遠者へと引き寄せられる。このような内的な作用を満たすものは永遠なる神であり、そこに間違って有限なものが闖入《ちんにゅう》すると、それは「偶像」となる。とくに「有限的な財」に絶対的な信頼を寄せると、「財の偶像化」が起こり、「人間は自分の作った偶像に魔法にかかったように縛りつけられ、それを『あたかも』神であるかのごとくに取り扱う。このような財をもつかもたぬかという選択は成り立たない。成り立つのはただ、自分の絶対領域のうちに神を、すなわち宗教的精神作用にふさわしい財をもつか、それとも偶像をもつか、という選択だけである」（傍点は訳書）[135]。この偶像には金銭・国家・無限の知識・女性などがあげられている。このような有限的なものが絶対的領域に侵入することは「偶像化」の発端であり、昔の神秘家の言葉によってそれは「ものの虜となる」（vergaffen）といわれた[136]。

この「ものの虜となる」という現象こそ心身の総合である霊性にさまざまな影響を及ぼし、心身相関に変調や転調をもたらすと思われる。その際、心身の総合である霊性が変質した亡霊の働きを生じさせている。本来は永遠者なる神に向かってゆくべき霊性が、間違って有限な財に捕らわれている状態こそ「亡霊」つまり「死んだも同然の霊」（spiritus mortuum）にほかならない。このようにさまよい出た霊はわたしたちにさまざまな悪影響を及ぼし、心身相関に変調や転調をもたらすのではなかろうか。たとえば「有限な財」を絶対視するとマモン（財神）が猛威をふるって拝金主義者となり、異性や政治を絶対視すると、アフロディテ（愛欲神）やリビドー・ドミナンディ（支配欲）などのデーモンが荒れ狂うようにもなる。

(2)「出世主義者」と「高貴な人」

心身に変調をきたすもう一つの例として「出世主義者」（Streber）をあげることができる。そこには通常競争原理しか見られない。シェーラーによると「出世主義者」というのは単に権力・富・名誉などを追求する人をいうのではなく、他人との比較においてより優っている、より価値があることを努力目標とし、それをすべての事象価値に優先させる人のことである。つまり、こうした種類の「他人との比較において生ずる〈より劣っている〉という耐え難い感情を解消させるため」にどんな事象でも無差別に利用する人である。[137] 彼は卑俗な人である。

それに対し、心身に変調を起こさない例として「高貴な人」があげられる。その特徴は自他の比較を行う前に自己価値についての素朴な意識があり、「それはあたかも自立的に宇宙に根を下しているというような自己充実感の意識なのである」[138]といわれる。つまり比較される両者が比較されるに先立って独特な仕方で自己価値を自覚している。引用文の「宇宙」を「神」と言い換えれば、高位な人は神の導きを信じる霊的な人である。

むすび

たとえ現代社会において競争原理なしにはわたしたちは生きられないにしても、競争原理だけでは人は生きられない。霊性の作用によって競争原理に対する抑制とバランス感覚が不可欠である。同様に心身を総合する精神はその根底にある霊性において外部からの影響を絶えず受けており、心身のバランスを崩しやすい。これに対処する方法は内なる霊性を正しく導くことではなかろうか。ヨーロッパ思想は今日このような霊性作用をわたしたちに教示しているといえよう。

（二〇一〇年一〇月一四日、聖学院大学総合研究所「スピリチュアリティ（霊性）の構造分析と病む人へのケア学研究」研究会での発表原稿に加筆）

第11講

日本文化における恥と良心

1　恥の意識

旧約聖書の創造物語に続いて楽園の記事があるが、さらに第三章にはアダムとエヴァが神の戒めを破って楽園から追放されたという物語が続いている。楽園の生活で神が食べてはいけないと命じた木の実を、どうしても蛇の誘惑にかなわず取って食べると、アダムとエヴァは、神の戒めに違反したので恥ずかしいと感じたらしく、いちじくの葉っぱをつづり合わせて自分の腰に巻いたと記されている。神の命令に違反すると恥ずかしいと感じるのは人間であるかぎり当然のことである。恥というのはそのように神の戒めを破ったときにわたしたちが全身的にかつ直感的に感じる意識である。それは神の戒めだけではなく、些細な取り決めを破ったときでも、小さな失敗をしたときでも感じられる。わたしなどは若い時にそんな失敗をすると、一週間くらいはつらく感じられたものである。若い時は非常に敏感な心をもっており、恥の意識も一般の人々よりも強いが、歳をとるにつれて厚顔無恥になって、老醜をさらすようになる。

さて、このように何らかの規則や法則に違反したときに顔を赤らめ、恥の意識が起こってくるが、その恥の意識は次第に意識の深みに突き刺さっていって、心を圧迫するようになると、良心の苦悩という現象が起こってくる。このように恥と良心とは心理的に関連しているのであるが、戦後の日本文化論では、日本文化を「恥の文化」と規定することによって恥と良心とを分けて考える傾向が一般的に見られるようになった。このあたりの問題をいっそう明らかにするために、日本文化論を手がかりにして恥と良心がどんな関係をもっているか考えてみたい。

ルース・ベネディクトというアメリカの優れた文化人類学者が書いた『菊と刀──日本文化の型』という書物が一九四六年に出版された。これがきっかけとなって日本文化論が盛んに討議されるようになった。彼女は日本の文化を「恥の文化」

と規定し、それに対してヨーロッパ文化は「罪の文化」もしくは「良心の文化」であると明瞭に主張した。これが引き金となって、日本文化は恥の文化であるか、それともそうではないのかという問題が巻き起こり今日に至るまでなお続いている。

一般的にいって、日本人は自分の行動をどういうふうに導いているかというと、世間体とか世評とか外聞とか、そういった外面的な評判を気にしながら生きているといえよう。このような弱点をついたのがルース・ベネディクトであった。「みっともないじゃないか、そんなことをしたら」とわたしたちは口ぐせのようにいうのであるが、みっともないというのは外聞が悪い、人様に聞こえが悪い、見たところが良くない、ということで、それによって他人の評価を気にしながら行動がコントロールされてきた。なかには例外はあろうが、一般的にはこういう行動様式、つまり文化をわたしたちは身につけてきた。

この恥の文化では行動が外側から規制されており、皆が見ているからそういうことをしてはいけない、皆が見ていなければ構わないと感じる傾向があるのは事実である。だから身内が悪事や罪を犯すと、日本の家庭では少し前までは一家心中が起こったり、さまざまな悲惨なことが起こりやすかった。実際わたしたちは、そんな恥ずかしいことをしてくれては、とても生きてゆけない、死ぬ以外にはないのだ、と強く感じてしまうし、恥ずかしいことはできるだけ隠したい、しかしどうしても隠しおおせないときは死ぬしかないのだ、と考えてしまう。そして長い間そういった仕来たりのもとに生きてきたがゆえに、これから脱却するのはきわめて困難である。

さて、良心という言葉を耳にすると、わたしたちの記憶ではだいぶ前のこととなったが、航空機購入についての疑惑、つまりロッキード事件があった。国会に召喚された人々は良心にかけて誓約をした上で事件について証言をした。そのとき彼らは、「全然記憶にございません」とかいい加減なことをいって逃げまくった。なぜ日本人は、会社のために贈賄の罪を犯しているのに、偽証までして言いつくろうのであろうか。会社に対する忠誠心がその場合働いているのではないかと思われた。というのは、大部分の日本人は会社人間であって、会社がわたしを養ってくれており、わたしの存在はすべて会社に依存しているのだ、この会社に対して不利なことを言ってはならない、といった一種の忠誠心が大きく働いたといえよう。ところがアメリカ人の場合を見ると、ロッキード会社に関係した社長などがどんどん自分の行ったことを正直に言ってしまうし、書物まで出して自分の行動を公開していた。

ここに日本文化と外国文化が人間としての行動様式において全く相違していることが感じられた。

日本文学に見る良心

一体何がどう働いてこうなったのか、このことをさらに明らかにするために、よく知られている文学作品を手がかりにして考えてみたい。

日本が世界に誇る大文豪、夏目漱石の『こころ』という作品の表題となっている心は、実は「良心」を指している。良心についていろいろと書かれた文学作品は日本にもいくつもあって、例えば、島崎藤村の『新生』という作品は良心的な苦悩のにじみ出た作品であって、これを読んで感動しない人はいないと思われる。ところが藤村は「良心」という言葉を使わないで「真心」という言葉を使っている。また、大抵の場合には「心」という言葉を用いている。藤村はパリで勉強をした人で、教養人であるが、心の激しい苦しみと痛みとやましさを表現するのに「真心」という日本的な表現を選んだ。ところが漱石はこれまた優れた学者であるが、あえて「良心」という言葉を繰り返し使っている。おそらくイギリスで学んだ漱石が、日常語として「良心」（conscience）が使われるのに、フランスではそれが「道徳的意識」の意味で使われることを知ったことによると思われる。

漱石の良心という言葉の使い方を検討してみると、恥と良心との関連できわめて重要な叙述がなされていることに気づかされる。ここでは決定的な場面を一つだけ紹介して、良心の使われ方を一緒に考えてみたい。

主人公の「先生」は大変真面目な人であり、この人は倫理的に厳格な生き方をし、道徳的に厳しい良心をもった人であった。ところが、友人のKと恋愛のことで下宿のお嬢さんを奪い合うことになってしまった。そこで「先生」は恋のゆえに策を弄《ろう》して病気になったといつわり、Kを学校に送り出した後に、ひそかにお嬢さんのお母さんに結婚を申し込み、その承諾を得てしまう。その後友人のKが帰ってくるころ、あまりにもずるく友人を欺いてしまったので、散歩に出てしまうのであるが、やがて下宿に帰ってきた場面に注目してみたい。漱石はその状況を次のように描いている。

Kに対する私の良心が復活したのは、私が宅《うち》の格子を開けて、玄関から坐敷へ通る時、即ち例のごとく彼の室を抜けようとした瞬間でした。彼は何時《いつ》もの通り机に向って書見をしていました。彼は何時もの通り書物から眼を放して、私を見ました。しかし彼は何時もの通り今帰ったのかとはいいませんでした(139)。

ここに「何時もの通り」という言葉が三回続いている。「何時もの通り」とは毎日繰り返される日常生活で、これをわたしたちは日常性という。Kは日常生活のなかで「先生」に対して行動を起こしているけれど、最後の所でこういっている。「しかし彼は何時もの通り今帰ったのかとはいいませんでした」と。では何といったのか。「病気はもう癒《い》いのか。医者へでも行ったのか」と聞いたのである。どうでしょう、この友人Kは「今帰ったのか」といわないで、「病気はどうだった、お医者に診て貰ったか」と心から先生のことを思って心配している。自分が欺かれたことも知らないで友のために真実に心から同情を寄せている、この真面目な優しい心に触れるとき、ここが大事なのであって、友達の純心な無垢で優しい心に触れた瞬間、その反対の自分の醜さが決定的に示されたのである。漱石は次のようにいう。

私はその刹那に、彼の前に手を突いて、詫《あや》まりたくなったのです。しかも私の受けたその時の衝動は決して弱いものではなかったのです。もしKと私がたった二人曠野《こうや》の真中にでも立っていたならば、私はきっと良心の命令に従って、その場で彼に謝罪したろうと思います。(140)

自分の心中から起こってきた良心は、お前は罪を犯した、友人を欺いた、だから友人の前に今悔い改めて懺悔《ざんげ》しなさい、と命じている。このように良心の衝動が自分の罪の告白をするようにと迫ってきた。さあ、その次がわたしたちにとって問題の所である。「しかし奥には人がいます」。ここで告白すると、その中身は奥にいるお嬢さんや奥さんに聞かれてしまうというのである。奥にいる人のことを、したがって世間体や外聞をはばかって、彼はせっかく起こってきた告白しようとする良心の衝動をぐっと飲み込んで抑えてしまう。だから「私の自然はすぐ其所《そこ》で食い留められてしまったのです。そうして悲しい事に永久に復活しなかったのです」といわれる。(141) ここでの「私の自然」とは良心であり、良心は罪を告白しようとしているのに、「奥には人がいる」、という世間体を気づかう恥の意識が強く前面に出てくると、わたしの自然、つまり良心の活動はそこで抑止されてしまう。実際、日本的な心の動きをこれよりも明瞭に描写している文章はほかには無いのではないかと思われる。

2　自己の罪

ヨーロッパでは昔から罪を犯した人は三つの行為をとるべきであると説かれてきた。しかもこれはヨーロッパの中世と近代を通って長く勧められてきたものである。罪を犯してしまったらどうしたらよいか、まず自分の心を痛く打つ、「痛悔」（contritio）という悔い改める行為が求められる。それから第二は「告白」（confessio）をすることで、それは皆の前に出て口を開いて罪の告白をすることである。第三は罪を償う、「代償となる行為」（satisfactio）をすることが指定される。

この三つの行為はヨーロッパでは中世以来、近代まで長く使われたが、『こころ』の先生の態度を見ると、「わたしの自然は、すぐ其所で食い留められてしまったのです。そして悲しい事に永久に復活しなかったのです」と語られる。彼は強く胸を打ったが、悪いことをしたと友人の前で罪の告白ができなかった。友人はすでに自殺していたからである。その結果どうなったかというと、主人公のこの先生はいろいろと苦しんでから最後は自殺へ向かわざるをえなかった。

わたしたちの間に罪を犯さない人がいるであろうか。この人の罪は別に法律に触れることではなく、この主人公は以前この友人から批判されて自分に語られた言葉を友人に言い返しただけであったが、それでも心のなかではその言葉は友人に対する欺きなのであった。これを自覚した良心に敏感な人は自殺にまで追い込まれてゆく。わたしたち日本人は恥の意識があまりに強く働くために、罪から脱出するのに必要な良心的な告白をするのを避けたり、止めたりする。

ドイツのヴァイツゼッカー大統領は『荒れ野の四〇年』(ドイツ終戦四〇周年記念演説)のなかで erinnern というドイツ語をとくに重要視している。それは思い起こす、心に刻み込むという意味であって、彼は過去のドイツの犯した罪を一つひとつ思い起こして erinnern している。これは単に思い出す想起することではなくて、内面に深く刻み込むということなのである。罪を犯さない人は誰もいないであろう。天使でないかぎり罪を犯さない人はいない。問題は罪を犯したとき、わたしたちがそれを真正面から受けとめ、悔い改めることである。心のなかに深く自分の罪を思い起こすことは二度と罪を犯さない決意をすることを意味している。この書物のなかでヴァイツゼッカーはそれを国家的なスケールでもって行っている。日本の政治家では考えられないことではなかろうか。悪は告白して白日のもとにさらけ出さないと、それ自身のなかに増殖する力をもつようになる。この力はわたしたちを再び悲惨な罪と戦争へと駆り立てることであろう。もう恥なんていってはいられない。このようにヴァイツゼッカー大統領が誰の前にも恥じないで自分たちの罪を告白できるというのは、彼自身が強いキリスト教信仰に立っているからではなかろうか。

恥にはいろいろな種類があることを日本文化論の研究者たちは明らかにしてくれた。日本人には確かに世間体、外聞、見栄によって行動を起こすところがある。恥という言葉は心の耳と書き、わたしたちは心の耳をつい人のいうことに傾けてしまう。しかし、日本の学者はそういう恥の形態を公の恥、「公恥」と規定している。それに対して日本人にも自分自身の内を省みて、悪かったと思う恥もある。つまり世間の人が見ていなくても自分が感じて恥ずかしいと自ら恥じる、「自恥」もある。このように恥を二つに分けた上で、先のベネディクトが日本における恥の文化といったのは公恥にあたる部分にすぎず、自ら省みて恥ずかしいと思う自恥にあたる部分はベネディクトが正しく評価しなかった面であると日本の学者は主張する。これは正しいと思われる。先ほどの漱石の文章にあったように、わたしたちのなかには良心の働きは確かにあるが、人々が見ていることから生じる公恥が強過ぎて、良心の活動が抑止されてしまっている。これが現実である。

キリスト教は良心を神の前に立たせ、すべてを照覧したもう神の前に立たせる。そうすると、わたしたちは自己の罪が神の光によって白日のもとにさらされ、あらわになって言い訳の余地がなくなってしまう。神に対しては人間に対するようなごまかしがきかないし、もう逃がれる余地はなくなる。こうしてわたしたちは自分がいかに罪深い者であるかを思わざるをえない。

3　良心の三つの働き

ところで良心には三つの働きがあるとわたしは考えている。その第一の働きは「共知」の働きである。良心はまずわたしを見ており、わたしが何か悪いことをすると「お前そういうことをしてはいけない」と声を発する。つまり、わたしが何か悪いことを実行しようとすると、そうしようとしているわたしの良心が見ていて、そのように警告する。以前ある看護学校に教えに行ったことがあるが、その教務主任の先生が「先生、最近学園のなかでも盗みが多くて困るんです。盗みがないようになんとか教えてください」と頼まれた。どうしたらよいかなとしばらく考え、わたしは教室に行った。「これから倫理学の授業を始めますけれども、教務主任の先生から聞いたところによりますと皆さんのなかに盗みがあるようですね。誰も見ていないと思って盗んだりするのではないですか。でも見ている人がいますよ、自分が見ているのです。そして盗んでいるようなわたしをわたしは決して赦《ゆる》すことができないと思いませんか」と話した。良心はわたし自身である。しかし、それは盗んでいるわたしではなくて、すなわち同じ罪を犯している「同罪者」ではなくて、むしろそれを観察し、裁き、証言している「共知者」であって、これが良心の働きなのである。

パウロはローマの信徒への手紙のなかでユダヤ民族以外のギリシア人やローマ人といった外国人、つまり異邦人は神の律法をもっていないけれども、心のなかに神の律法が刻み込まれており、あなたがたの良心もそれを証したり、告発したり、または弁解したりしているといっている（ローマの信徒への手紙二・一五参照、新共同訳聖書）。わたしたちの心のなかに神の律法が書かれているとは自然法のことを指している。人間誰しも心のなかには法律という形はとっていないけれども、盗んではいけない、殺してはいけない、偽証を立ててはいけないなどと書き記されている。パウロはそうしてはいけないと命じる法則が心のなかに刻み込まれていることを良心が明らかにしているという。それゆえ、わたしたち異邦人もすべて心のなかに良心がある以上、盗んだり、殺したり、あるいは偽証したりすべきではないことを知っている。

良心は「共知」の働きとしてわたしたちを見ているだけではなく、自分の行動が法にかなっているかいないか審判するがゆえに、良心の第二の働きは「審判」である。ここまではおそらくキリスト教以外の思想においても説かれていると考えられるが、キリスト教思想において良心は単に裁くだけではなく、わたしたちと一緒に苦しむものと考えられている。つまり良心は「同苦」する働き、共に苦しむものと考えられている。それゆえ、良心が「お前はそうすべきではなかった」と裁くときには、自分を神の位置に立て、神の言葉を代弁している。ところがその裁いている良心が絶望しているわたしと一緒に苦しんでくれる。良心が呻《うめ》くということが起こってくる。こういう特質はキリスト教において、とくにマルティン・ルターにおいて明らかに認められる。彼は自分の罪を厳しく糾弾しており、同時に彼の場合良心も叫びだしている。「どうぞお助けください」と良心もわたしと一緒になって叫びだし、彼はそういう叫びのなかから神の言葉を聞きとったのである。

それではどういうふうに神の言葉を聞きとるのであろうか。新約聖書のなかにあるヘブライ人への手紙がよくその間の事情をあらわしている。ヘブライ人への手紙第一〇章一九―二二節は、実は良心のヨーロッパ精神史で画期的な意味をもつ箇所となっていると思われる。先に述べたパウロのローマの信徒への手紙では心のなかに自然法が刻み込まれていて、良心がそのことを明らかにしている、つまり裁いたり、弁護したりすることによってそれを証明していると語られていた。実はパウロだけではなくて、他の人たちも同じことをいっているが、ヘブライ人への手紙は次のように他に類例のない独特な仕方で優れた内容を述べている。

それで、兄弟たち、わたしたちは、イエスの血によって聖所に入れると確信しています。イエスは、垂れ幕、つまり、御自分の肉を通って、新しい生きた道をわたしたちのために開いてくださったのです。更に、わたしたちには神の家を支配する偉大な祭司がおられるのですから、心は清められて、良心のとがめはなくなり、体は清い水で洗われています。信頼しきって、真心から神に近づこうではありませんか（ヘブライ人への手紙一〇・一九―二二、新共同訳聖書）。

4　神の恩恵による喜ばしい良心

では、わたしたちはどこに入っていくのであろうか。聖所である。聖所とはイスラエルの神殿を指し、そこには三つの構造つまり、神殿の前庭、神殿の内部、そして至聖所という最も奥まった所、奥の院というのがあった。そしてこの奥の院には棺があって、そのなかにモーセの十戒の板が二枚の石に刻み込まれ置かれていた。その前には贖罪《しょくざい》所があり、そこに大祭司が入っていって犠牲をささげ贖罪のわざを執行した。しかし、やぎとか雄牛の血とか灰のような犠牲でもって過去の悪い罪が帳消しになるであろうか。

ヘブライ人への手紙の著者はそういう宗教的な儀式によってわたしたちの罪が帳消しになるとは考えない。だから動物の血ではなく、イエスの血によって初めてわたしたちは心が清められ奥の院に入っていくことができる。しかも、イエスが十字架につけられたときに神殿の幕が裂けたとあるように、イエスが肉体をもって打ち開いてくれた道を通ってわたしたちは贖罪所に入っていくことができると語っている。では、イエスの流した血はどのようにわたしたちの心を清めるのであろうか。続けて次のように書かれている。「更に、わたしたちには神の家を治める偉大な祭司がおられるのですから、心は清められて、良心のとがめはなくなり、体は清い水で洗われています。信頼しきって、真心から神に近づこうではありませんか」（同、二一―二二）と。まず心の清め、良心の清めがどのように行われるかというと、血を注ぐことによるのである。それはまた別の言い方では清い水とも書かれている。どうしてイエスの血の比喩が急に水に変わったのであろうか。それは清い水が洗い清めることを指し示し、罪に汚れたわたしたちが、イエスの聖き血潮によって洗い清められるためである。それはあたかもウイルスに感染した病人に血清の注射をして病原体を死滅させ、素晴らしい肉体にもどるのと同じである。

イエスがわたしたちのために流した血潮、これが心のなかに注ぎ込まれると、わたしたちを痛めつけ、苦しめ、悩ませ、息もできないほど窒息させていた罪から心が清められて、良心での救いが実現することになる。

皆さんの生活体験から恥の意識や良心の呵責《かしゃく》を感じない人はいないと思われる。わたしたちは良心によって何かを感じるときには、それをいつも痛みとして感じ、やましさを覚えるが、やましさや呵責こそ良心の根本現象である。それゆえ、イエスの血によってこのやましさや呵責が根こそぎされて、初めて「やましくない良心」が授けられる。この良心が清められるとやましさが全く除去され、喜ばしい良心が神によって与えられる。キリスト教はこれを神の恩恵による救いとして説いている。

ここにキリスト教がもたらす深い慰めがあり、わたしたちは喜ばしい良心に立って他者のために少しでも良いことをしようと願うようになる。また、ここからすべての良い行動が生まれてくる倫理の基礎が据えられるといえよう。

(「恥と良心」、『西南学院大学チャペル講話集』二三号、一九八八年度、西南学院大学宗教部、一九八九年)

第12講 青年時代に求めたもの

1 変わるものと変わらないもの

高校三年といえば、間近に迫っている、否もう始まっている大学入試のことで頭のなかが一杯にちがいない。そんな皆さんは、わたし自身が高校時代にさかのぼって半世紀以上も前にどんな高校生活を送っていたかといった、老人の昔話を聞かされてはたまらないだろう。時が移り人も代わると、考え方も変化してしまい、歳とった人は化石のようになってしまう。世代の交替と断絶が否応なく起こっている。ところが、少しだけ時間のスパンを広げて考えてみると、そのように考えている若い人たちも必然的に歳をとって同様に化石化していくのである。しかし、このように一様に等しく変化するなかにも変化しない、人間にとって共通の生き方というものが、はっきりと浮かび上がってくる。哲学的にいうと、ある事態が変化していくただなかにあっても、絶えず同じ姿をとって永らえているもの、つまり変化しないものこそ、その事態の本質である、といえるだろう。

そこで、テーマとしてわたしが選んだのは、「青年時代に求めたことは」というとても一般的なテーマである。ところがこのタイトルは言いたいことの前半部分である。タイトルとしては長すぎるので、途中で切ったものである。皆さんはこのタイトルを「上の句」とすると、「下の句」に何という言葉をつなげたらよいとお考えだろうか。

2　悲観的な人生観と楽観的な人生観

まず悲観的な人たちは次のようにいうだろう。それは空しかった、無駄であった、無意味であった、愚かであった、と。また、反対に楽観的な人たちは、夢のようであった、美しい理想であった、利那の美しい瞬間であった、と。

ここで青春時代を悲観的に見る典型を一つ紹介してみよう。青春のみならず人生そのものが挫折にほかならないという、悲観的な見解の典型は、ギリシア悲劇によく描かれており、その全体を集約的に示せば、ソフォクレスの『コロノスのオイディプス』の次の一節に見事に表明されている。

この世に生を享けないのが、すべてにまして、いちばんよいこと、生まれたからには、来たところ、そこへ速やかに赴くのが、次にいちばんよいことだ。青春が軽薄な愚行とともに過ぎ去れば、どんな苦の鞭《むち》をまぬかれえようぞ。どんな苦悩が襲わないでいようぞ。嫉妬、内紛、争い、合戦、殺人。かの憎むべき、力なき、無慈悲な、友なき老年がついに彼を自分のものとし、禍いの中のあるとしある禍いが彼に宿る。(142)

ここには「青春の軽薄な愚行」と「無慈悲な老年」とが冷静に浮き彫りにされている。もちろん大抵の人たちは悲観的でも楽観的でもない、その両極端の中間を歩んでいるように思われる。たとえば、わたしの郷里の作家、井上靖は『夏草冬波』

や『北の海』で楽しかった中学生と高校生の生活を描き、『あすなろ物語』で青春の蹉跌《さてつ》を見事に描いている。同じ中学と大学で学んだわたしにはこれらの作品は同一の歩みを表現していて、いつも共感を覚える。同じような作家をヨーロッパで探すと、ヘッセやカロッサが浮かんでくる。ヘッセの『青春は美《うる》わし』などはよく知られており、またカロッサは、『青春彷徨《ほうこう》』とか大学時代の体験記である『美しい惑いの年』などかなりよく読まれたものだ。ここにあげた最後の書名にある「美しい惑い」というのは、ドイツ語では schöne Täuschung といい、心理学的には「美事な錯覚」を意味しており、悲観と楽観の中間を実によく言いあらわしている。

3　ゲーテの青年時代の経験

本書第1講の終わりでも述べたが、ゲーテは『詩と真実』第二巻の冒頭で、先に提示した言葉の下の句を、「年老いてから豊かに与えられる」と語って、青年時代の自己の体験を詳細に語りはじめる。そのなかでもとくに印象深かったのは、ゲーテがシュトラースブルク大学の学生であったとき、近郊のゼーゼハイムにある牧師館を訪ねて、フリーデリケ・ブリヨンと出会い、美しい恋愛をし、やがて別れた物語である。彼女はこの恋愛を心に抱いて一生独身で過ごし、天才のほうは女性を次々に遍歴していく。そして多くの修業と遍歴を経て、天才ゲーテは大文学者に成長していく。彼の作品の多くは「教養小説」(Bildungsroman)という「自己形成史」を主題としており、少年時代に恋愛の経験をもったグレーチェンやこのフリーデリケの姿が芸術的に深められて結晶し、文学的な表現にまで高められ、最終作の傑作『ファウスト』が誕生している。

このようにしてゲーテは青年時代での人生経験の結論として、「青年時代に求めたことは年老いてから豊かに与えられる」と語ったのであった。

しかし、こうした人生の理解は、ある目的に到達した人が、その人生を振り返って懐古的に述べたもので、つまらない「成功物語」になっているにすぎない、と主張されるかもしれない。また他人の人生はあくまでも他人に属し、参考になっても、わたし自身に置き換えることはできないとも考えられる。確かに各人は、それぞれに与えられた人生を、常に新たに、出発せざるをえないが、それでもこの言葉は格言としてその真理をわたしたちに示していると考えざるをえない。

4　賜物としての才能と善い意志

このようにわたしが考えるのは、実は、若いときの経験がとても重要だからである。人々は才能が問題であるという。確かにそうである。しかし、才能というものは自然が各自に授けた所与にすぎず、変更不可能であって、どうにもならない。ところが才能があっても、これを十分に発揮できない人があまりに多いのではなかろうか。それに反し才能は乏しくとも、若いときに経験した何か価値あることを生涯をかけて追求していくことのほうが重要であるとわたしには考えられる。

ヨーロッパの近代を代表する哲学者カントは天与の賜物を二つに分け、自然の賜物として精神の才能（理解力・機知・判断力）と気質の才能（勇気・果断・根気強さ）をあげ、幸福の賜物として権力・富・名誉・健康・満足な境遇をあげてから、これらを使用する任務をもっている意志が悪いと、これらはとても悪いものになる、と主張し、「わたしたちが無条件に善と認めるものはただ善い意志だけである」と説いた。

一口にいって才能というけれども、大学の入試などで測られるものは多くの才能のほんの一部にすぎない。単純には測られないもので最も大事な才能に、たとえば「想像力」というものがある。猫のような動物にも少しは備わっているとしても、人間にはこの才能が豊かに与えられ、人間的な世界がこれによって創造される。とりわけ詩人の想像力は詩的な世界を創出する。そこにはファンタジーが作用していて現実を超えた仮象の非現実の世界が生まれる。先のゲーテの『詩と真実』の「詩」の世界である。また大学の教師を例にとってもこの才能はきわめて重大な役割を演じる。創造的な仕事は実に想像の力によって生まれる。この能力ばかりか実に多くの才能が教師には求められる。語学力・知的関心・記憶力・理解力・洞察力・持続力・表現力・弁論の力などが求められる。このうちどれ一つを欠いても学者は育たない。それゆえ各自に授けられているわずかな才能の萌芽を時間をかけて開発する必要がある。近代語の場合には一〇年ぐらいで一応は使いものになろうが、わたしの研究領域で不可欠な古典語の習得には二〇年の歳月を必要とする。一九七〇年ころから『アウグスティヌス著作集』の編集に携わってきたが、訳者を探すのに一苦労であったし、その上実際に訳文が出てこない場合も多かった。文法がわかっているからといって訳せるわけではなく、理解力がとりわけ問題であったからである。

このように考えてみると、結局のところ才能や能力は生まれつきの優劣もあって、人はこれをどうすることもできない。わたしたちはカントが指摘していたように、幸福をこうした自然の賜物や幸福の賜物にもとづけようとするが、現実には誰しも自分の才能と境遇に絶望しないわけにはいかない。むしろ問題にすべきは各人の生き方であって、何を欲し、意志し、愛するかであろう。さらに生き方といっても無限の可能性は与えられていない。そこで大事なのは若いときの経験であって、そこで獲たもの、感じたものを生涯かけて追求していくことではなかろうか。このようにわたしは考えている。

5　わたしの青年時代の経験

ここでわたし自身の経験を参考までに少し話してみたい。実はわたしも高校時代に学んだことを今日に至るまで一貫して研究し、続けてきているからである。中学二年生のとき終戦を迎え、時代の一大転換を経験したが、この経験からヨーロッパの古代から中世へ、中世から近代へという転換期に生きた思想家に強く引き寄せられた。こうした時期に活躍したアウグスティヌスとルターという二人の思想家に注目してきたのだが、彼らの作品に初めて触れたのは高校二年生のときであった。この時期にわたしを指導してくれたのは、実は聖学院中学校・高等学校で教鞭を執っておられた小野忠夫先生であった。先生は郷里を同じくする沼津の出身で、先生の家とわたしの家とはそんなに離れていなかった。この先生に中学の一年のころから親しく指導していただき、教会の青年会ではルターの読書指導を受けた。ところで愚かなわたしはアウグスティヌスとルターがすっかり気に入ってしまい、脇目も振らずに、それこそ「一所懸命」に学び続けてきた。高校でも、大学でも、大学院でも、助手時代も、教師になってもそうであった。ある友人が「君は大学のときの生活をずーっと続けてきましたね」といったのは真実である。このようにできたのは、まず第一に、わたしが不器用で、他の可能性がほとんどなかったからであり、第二にこれらの思想家の研究が質的に高まった時期に研究を始めるという偶然な幸運が重なって、この道だけがわたしの前に大きく開かれていたからである。

そこでわたしはあなた方にお尋ねしたい。「いま何を考えておいでですか。何を願っておられますか」と。「それを全力をあげて追求していってください。そうすれば、いま考えているとおりになるでしょう」。これがゲーテの箴言《しんげん》の語っている真理なのである。

6　良い大学とは何か

だが、若いあなた方は何よりも目標が定まらない、何を目標にして生きるかがわからない、というだろう。誰でもそうだ。迷いも、悩みも、挫折もある。

さて、皆さんの当面の目標は良い大学に入ることだろうか。それは目前に迫ったことであって、その時期が過ぎるとどうなるのか。大学入試という難関を突破してきた学生たちが、入試という目標がなくなった途端に、無気力に沈んでいくことが多い。そこで良い大学とは何かをよく考えてみよう。

大学とはその本質からいって、学問研究と教育の場所である。したがって社会的地位や名誉とも就職とも元来は関係をもっていない。もちろん、そのようなことが付属している事実は認めなければならないにしても、本質と付帯的事態とは厳密に区別されるべきである。それゆえ大学に入って熱心に研究に従事できれば、それは良い大学であり、それがかなえられなければ、悪い大学である。こうした研究は教師の指導によるので、大学で行われている研究の内容にもとづいて選択がなされるべきである。日本の大学生は世界で一番勉強しないことで有名になっている。こうした汚名はいち早く返上すべきである。

さて、多くの人は大学で本来営まれている研究をめざさないで、本質ではないもの、単なる副産物に多大の期待が寄せられている。人によっては社会に出る前の執行猶予の期間であると考えて、サークルやクラブ、またスポーツ、遊び、恋愛に明け暮れている。しかしそこには研究といったものはその影すら見当らない。大学には本来存在していないものが存在すると考えられるとしたら、それこそ「錯覚」であり、在ると考えられている当のものは現実にはない蜃気楼《しんきろう》にすぎない。しかもそれを動かしがたい絶対的なものとみなせば、それは立派な偶像である。そして偶像は必ず堕《お》ちる。

もしも大学に入って研究のない単なる楽しいだけの大学生活を夢見ている人があ

るとしたら、それは全くの誤りである。こんな気分でもって大学にやってきて、学問研究という壁にぶつかって挫折する学生がなんと多いことであろう。わたしは大学に入ってきて、すぐに無気力に沈んでしまう学生をあまりにも多く見てきた。

ここから二つのことを皆さんに是非とも聞いていただきたい。一つは余裕をもって大学に入ることである。あまりに苦労してやっとのことでめざす大学に入学すると、その時点で力が尽きてしまって、もはや進んで研究を志すことができなくなってしまう。とりわけ入学試験で難問、奇問、珍問の類を解こうとして過度の勉強をしても、実際には役に立たないものばかりを習得しているので、折角の知識も後で無駄となってしまい、残るのは疲労だけとなる。その結果、新入生は何年もリハビリを必要とするほどの痛手を受けてしまう。もう一つは少人数の学校が望ましいということである。大学は単に出来上がった知識を修得するだけではなく、自ら知識を創造するところであり、そこに大きな知的喜びが体得される場所である。このためには教師との人格的な接触が不可欠であって、協働の作業を通して次第に学問の方法が伝達されるのである。

7　挫折の経験の意義

わたし自身も大学の選択では自分の計画どおりにはいかなかった。受験の直前に発熱し、めざす大学の受験をあきらめ、マンモス大学に入学してみたが、自分の願望がかなえられないと感じて、中退し、次の年に希望の大学を受験したが、これには失敗し、郷里の大学に入学した。ここで初めて少人数の教育によって先生と親しく接し、学問の面白さを学び知るに至った。最初は経済学の研究をしてみたが、哲学の先生と出会い、その指導によって学問研究に入っていった。さらに勉強したくなって大学院に進学したのであった。地方大学で専門研究に入ったとき、中央の大きな大学の学生に最初のスタートから後れをとっていることは、百も承知していた。しかし、急がず、焦らずに、しかも着実に研究を進めていった。いつのまにか良い成果が上がるようになってきたし、わたしの後から後輩が続々と付いてきているのには驚いてしまった。

大学受験という難関にぶつかると誰しも挫折を経験する。とくに理想の高い人ほど挫折も大きいといえよう。実際、挫折の経験はその時は非常につらいのであるが、マイナスの経験をすることによって、同時にそのことの反対であるプラスの経験をも学びとっている。それに対し幸福なプラスの経験だけでは、その反対の可能性を排除している。幸福な感情がその妨げとなっている。それゆえ挫折にはメリットがないのではない。一見すると無意味で無駄に見えるが実はそうではない。失敗や挫折を経験して初めて人は謙虚にされ、人生から学ぶ基本姿勢を身につけることができる。人生に期待することが多ければ多いほど、挫折も大きい。もし自分の願いが満たされたとしたら、自分の願いの範囲しか人は人生を生きていないことになろう。ところが限りある自分の人生を超えて人生そのものがわたしたちを教育してくれるとしたら、それは何とすばらしいことではなかろうか。

8 「わたしが人生に」から「人生がわたしに」への主語の転換

わたしたちの学生時代によく読まれたフランクルの『夜と霧』という書物がある。これにはナチス・ドイツの時代に造られた強制収容所の体験が記されている。大変ショッキングな内容の本であるが、その結論のところだけを最後に紹介してみたい。この収容所では人間として生きる可能性の一切が剥奪され、生きる希望は完全に抹殺されていた。それでも絶望しないで生きられたのは、自分のためでなく、家族のため、恋人のため、総じて他者のために生きようとした者だけであった。このように語ってから、フランクルは、わたしたちはこれまで人生に対して多くの期待や欲求をもってきたが、「わたしたちが人生に」ではなく、「人生がわたしたちに」何を求めていくかが問題である、と語る。ここには一つの回心という方向転換があると説いている。

皆さんは人生に今なお多くを期待しておられるだろう。あまりに多くを期待することによって必然的に挫折を経験することになるが、それでも挫折を切り抜けることによって人生の教育を受けることになるといえよう。こうして青年時代には多くの愚行物語が生まれてくるが、それにもかかわらず、わたしたちはそれによって実に多くのことを学ぶことができると思われる。

むすび

わたしが若き日に挫折のさなかにあって座右の銘とした聖書の言葉がある。それは高校時代に使っていた聖書の内扉に記されていた。終わりに、これをあげて結びとしよう。

主よ、わたしは知っています。人はその道を定めえず、歩みながら、足取りを確かめることもできません。（エレミヤ書一〇・二三、新共同訳聖書）

（一九九六年一月二四日、女子聖学院高等学校での講話）

第Ⅱ部
エッセイ

1　フレッシュマン精神

夏目漱石の『三四郎』という作品には、熊本の高等学校を卒業した学生三四郎が上京して東京の大学でフレッシュマンの体験をしたことが見事に語られている。上京の途中で名古屋に泊まったとき、年増の女性に言い寄られたり、東京に来てからもモダンな女性と交際したり、いろいろな人たちに出会いながら成長していく姿が描かれている。このような出会いがフレッシュマンを大きく育て上げていく。あるとき三四郎は大学の図書館に入ってみた。そして哲学者ヘーゲルの書物を借り出してみると、その本には落書きが書かれていて、ヘーゲルに対する絶賛も目に入ってくる。それを読んで彼も感激するのであるが、このような本との出会いも大きな転換を起こすのである。

人生は出会いであるといわれる。他者と出会って、自分とは別の世界を知るだけではない。他者をいわば鏡として自己の姿が反省されるようになる。自分だけを見ていたのではわからなかった自分が他者を通して明瞭になる経験はきわめて意味が深い。

わたしは現在大学の教員をしており、欧米文化を教えているが、このような文化を学びはじめたのも、大きな出会いがもたらしたものであった。それは中学二年生のときに味わった敗戦の経験であり、強大な軍事力をもったアメリカとの出会いであった。それまでは遊びにふけっていたわたしは、この経験を機に全面的な方向転換を強いられ、キリスト教国アメリカとその文化的背景であるヨーロッパ文化への目が開かれ、今日まで続く研究が開始されるに至った。

これは異文化との出会いの経験であるが、この出会いによって自国の文化の問題点をも同時に認識するようになった。さらに他者を知ることによって自己を識り、同時に他者の優れた点を摂取しようと欲するようになった。このことは個人と個人との出会いにおいても起こっている。この出会いによって個人の可能性は大きく開かれてくるのではないだろうか。大学入試によって個人の力量がすべて知られるというようなことは決してない。むしろこれから他者や異文化との出会いによって、これまで知られなかった隠された可能性が開花してくるのではなかろうか。わたし自身教師になるなど考えてもみなかった。最初は経済学を勉強して実業家になろうと考えていたが、それには自分が向いていないことをやがて知り、方向転換を余儀なくされたのである。それは一人の教師との出会いによって引き起こされた。こうしてわたしのなかに眠っていた可能性が目覚めさせられたのである。

ある可能性に目覚めたとき、それをどのように実現させていったらよいのか。わたしは習慣の力がそこでは大きく作用すると思う。習慣は第二の本性であるといわれる。それは新しい存在を造り出す働きをもっている。最初は大変苦労することでも習慣によっては楽になってくる。たとえば、古典語の学習にはこの習慣が何よりも重要である。トマス・ヒューズの『トム・ブラウンの学校生活』という本をわたしは大学の一年生のときに読んだ記憶がある。そこにはイギリスのパブリックスクールの生活が描かれており、ラテン語の学習風景も詳しく述べられていた。毎日、生徒たちは一〇行くらいを翻訳するように定められている。これを何年も繰り返して継続していくのである。一〇行ならそれほど困難ではない。わたしもこれにならって今日までラテン語の勉強を行っている。そこには習慣の力が大きく作用しており、これによってヨーロッパ文化をその源泉から学ぶ際にどれほど助けられたか計り知れない。

　大学でのフレッシュマンは学生と呼ばれる。彼らはもう生徒ではない。生徒は先生や両親の指導に従って歩むのであるが、学生は自らの考えに従って自発的に研究に従事するものをいう。昔は学生のことをガクショウといって、優れた学者を意味していた。この意味では大学の教師も一人の学生にほかならない。学徒といったほうがよいかもしれない。学生に特有なことは、時間がかなり自由に使えるということである。自由な時間のことを「閑暇」という。この時間をアルバイトに使おうとする学生も多い。しかし卒業して社会に出ると否応なしに働かざるをえなくなる。せっかく与えられた閑暇である。これを有益に用いないことは愚かである。もちろん「小人閑居して不善をなす」ともいわれる。つまり、つまらない人間は暇になるとよからぬことをしでかすというのである。これに対してわたしは創造的な閑暇の時をもちたいと願ってきた。暇なときにこそよく考えて将来に備えて準備をすべきである。失敗を恐れないでいろいろと試みてみる。自分が何に適しているのか行ってみなければわからないからである。この意味で、学生の皆さんには自己開発の時をもたれるように願ってやまない。

（聖学院大学総合図書館編『ぱぴるす』第三二号、二〇〇一年四月）

2 ヨーロッパの格言

ヨーロッパ人の生活のなかには古典の叡智《えいち》が格言という形で活かされている。格言は英語でマキシム（maxim）といわれているが、この語はラテン語の「最も重要なもの」に由来する。それゆえ格言は「最も重要な生き方」を暗示しており、それが使われる国々や各人の文化的特徴をよく示している。

格言を収集した作品が一六世紀ルネサンス時代に多く出版された。その最大の規模のものはヒューマニズムの王者といわれるエラスムスの『格言集』（Adagia）である。この書は一五〇〇年に初版が出たが、版を重ねるごとに厚くなり、最終版では四一五一個の格言が収録された。わたしはその最終版に属する一六一七年にハノーファーで出版された版を所有している。それはとても古くなってはいるが、出版されたときは仔牛革製の美装本であった。

当時の人々はこのような格言を口にすることによってギリシア・ローマの古典お

よび聖書の神髄を身につけることができると信じた。この作品では古典語の格言があげられているだけでなく、エラスムスは人文主義者らしく多数の文献を渉猟しながら、それぞれの格言がどのような意味で用いられてきたかを説明し、非常に詳細な解説を加えて紹介した。そのなかでも解説が最も長いものに「戦争はそれを経験しない者によって好まれる」があり、次に長いものには「アルキビアデスのシレノス像」というのがあって、これはプラトンの『饗宴《きょうえん》』から取材した将軍アルキビアデスの言葉で、ソクラテスの外見は野獣面のシレノス神のように醜いが、その心は黄金の神像であるという、人間の内面と外面との矛盾を示す修辞学的な表現である。

一般的にいって、ヨーロッパの格言はギリシア・ローマの詩人の作品に由来するものが多く見られる。わたしが数年前に入手したローマの大詩人ホラティウスの全集はポケット版のきわめて小型の書物であったが、ラテン語の文法を教えていて、ここから練習問題が多数出題されているのに気づいた。これらの格言はあまりに内容が優れているので学生に暗記してもらったが、そのなかにはたとえばこんなものがある。①「黄金の中庸」、②「貪欲な人はいつも不足している」、③「遊びは混乱や争いや怒りを生む」、④「多くの労苦なしには生命は死すべきものに何ものも授けない」、⑤「煩わしさを離れて祖国の土地を自分の牛で耕す人は幸いである」。このなかで①は『論語』にある「過ぎたるはなお及ばざるがごとし」と同じで、アリストテレス以来、行動の原則とみなされている。⑤は引退した老人が掲げる理想である「晴耕雨読」と同じ内容である。

わたしは学生のときからケーベル博士（Raphael von Koeber, 1848-1923 明治二十六年に来日し、東京帝国大学で哲学を講じた）の随筆集を愛読してきたが、彼は日本の学生に「ゆっくり急げ」（Festena lente）を訓言として常に与えた。これは「仕事に早く着手し、時間をかけて学びなさい」という意味である。

終わりに、わたしはこれまで常に念頭に置いてきた金言を新入生の諸君に贈りたい。それは「千里の道も一歩から」という訓言である。これはヨーロッパでは「ローマは一日にして成らず」といわれる。その意味するところは説明を要しないほど明瞭である。ただ「一歩」を日々踏み出すだけである。

（聖学院大学総合図書館編『ぱぴるす』第四四号、二〇〇七年春）

3　古典研究の意義

一九九五年は戦後五十年ということで、いろいろと考えることが多かった。終戦を迎えたのは中学二年のときで、この時期は反抗期の始まるときであるが、わたしはこの未曾有の経験に触れ、それまでの生き方を一変せざるをえなかった。まだ未熟な青年であったとはいえ、強大なアメリカの軍事力と文化に圧倒され、日本の将来の文化的再建を考えざるをえなかった。わたしはアメリカがキリスト教国であること、キリスト教がヨーロッパから来ていることを思い、そこで歴史的に発展してきたキリスト教思想を学び、これを日本に紹介し、文化の再建に役立てなければならないと直感した。それ以来五十年間にわたって、中学生のとき敵国の言語のゆえにほとんど学んでいなかった英語の勉強から始めて、語学と思想の勉強を次第に広げていった。とりわけ時代の転換期に活躍した思想家に注目するようになり、新しい世界と思想とが創造的に形成される力を修得したいと願ってきた。こうして高校二年生のとき初めてこれまで研究対象としてきたルターやアウグスティヌスの思想に出会い、わたしにできるかぎりそれらの思想家の研究・翻訳・紹介に努めてきたつもりである。

これまでは主として書物を通してヨーロッパ文化の研究に携わってきたのであるが、今日では交通やマスメディアが発達し、文化の研究も多様になってきている。総じて文化の概念も大きく変化してきている。しかし、わたしにできることは書物を通しての研究であり、いまでもその研究を継続している。確かに、ヨーロッパ文化も一つの地域研究の対象にすぎないけれども、それでも、ギリシア文化とキリスト教という二つの柱をもつ文化形態はユニークであり、その総合であるキリスト教文化がもっている秘められた可能性は無尽蔵であると信じている。とくに、近代のヨーロッパ文化に限定すると、あるいは問題があるかもしれない。しかし、近代文化が中世文化に内在していた一つの可能性から生まれたものと考えれば、キリスト教文化の可能性はいまだくみ尽くされてはいないし、その奥行は計り知れなく深いと確信している。

アウグスティヌスやルターの思想は歴史を形成する力であっただけではなく、精神の糧として今日においても意義が深いといえよう。実際、それを学ぶことによって思想のみならず、人間的にも成長できるとは、なんと幸いなことであろうか。

（巻頭エッセイ「古典研究の意義」、書評誌『本のひろば』キリスト教文書センター、一九九六年三月号に加筆）

4 キリスト教古代への関心

わたしが思想や世界観に初めて関心を抱いたのは終戦後の混迷を極めた時代であった。敗戦の挫折感が強く働いていたため、現代思想に対して嫌悪感しかもたなかった。高校二年生のときであったが、たまたまアウグスティヌスの『告白録』を郷里の古本屋で見つけ、大変感激して読んだことを覚えている。そのころルターの著作集が出はじめており、一食抜いても入手せよと先輩にいわれて購入したりした。このころから現在に至るまで同じ思想家を研究していることを想《おも》うと、青年時代における思想との邂逅《かいこう》の意義を痛感せざるをえない。こうしてアウグスティヌスによってわたしはキリスト教古代への憧憬を抱くようになった。このことがわたしにギボンの『ローマ帝国衰亡史』全七巻を原典で読了するように駆り立て、さらに高橋亘先生についてアウグスティヌスを研究する気持ちを惹き起こしたのである。もちろん終戦当時に感じられた終末意識が古代末期の精神状況に相通じていることを予感させたのであろうが。

そこでわたしはアウグスティヌスの『神の国』の歴史哲学を卒論のテーマに選んだ。このテーマを選んだ理由を西谷啓治先生に訊ねられたとき、わたしはマルクシズムと対決する歴史観を学びたかったからと答えると、先生は苦笑しておられたが、「だが君のは深みがない」と一言いわれた。これは痛かった。修士論文は『三位一体論』で書いた。その後、先生はプロティノスとの比較研究を薦めてくださったが、わたしはルターと比較することにした。わたしのルター研究に特質があるとしたら、それはアウグスティヌスからのアプローチにあったといえよう。

最近はルターよりもアウグスティヌスの研究に向かっていて、わたしは彼の著作をいくつか訳してもみた。そして彼の魅力に再びとりつかれてしまった。アウグスティヌスにはルターにない哲学の精神が生きている。キリスト教古代の思想家たちに共通していることは、ユスティノスに始まりオリゲネスを経てアウグスティヌスに至るまで、プラトニズムを媒介としてキリスト教の真理を弁証している点である。そこにギリシア精神とキリスト教とが接触し、キリスト教的叡智が美しく結実している。ヨーロッパの精神像はこの両者のうちいずれを欠いても成立することはない。

二つの思想が最初に合流するところがキリスト教古代であり、暖流と寒流が触れる場所に豊かな漁場があるように、そこには未完成であっても創造に富む世界が広がっている。

(『創文』二〇〇号、創文社、一九八〇年八、九月号に加筆)

5 敬虔と科学（pietas et scientia）

わたしたちの大学における研究と教育活動は多様な分野で行われているとしても、全体としてこれを統一する理念が「敬虔と科学」に求められている。「科学」に関しては一般常識が通用するが、「敬虔」の理解は必ずしも自明ではない。科学の研究はあくまでも理性的な探求にもとづく客観的な知識をめざしているのに対して、敬虔のほうは宗教的な概念であるがゆえに霊的な覚醒によって自覚されるようになる。こうして「理性」と「霊性」とが二つながら重要視されているところに聖学院大学の学問的な特質がある。この両者の関連について感想を少しだけ述べてみたい。

ヨーロッパの一七・八世紀は啓蒙時代といわれているように、理性的な探究によって元来は非合理的な内容をもっている宗教を解体しようとする傾向を明らかに示している。つまり「理性」が「霊性」を攻撃し、徹底的に征服しようとしている。このような時代の傾向に対して敢然として対決したのが「敬虔主義」（Pietismus）

であった。この運動はドイツでは最初シュペーナー（Philipp Jakob Spener, 1635-1705）によって創始され、ルター派教会の形骸化したドグマ主義に対決して信仰の内面性を確立し、宗教的な「再生」思想によって強力な実践的な力を発揮したのである。この運動はやがて啓蒙主義と激しく対決するようになり、ツィンツェンドルフ伯（Nikolaus Ludwig von Zinzendorf, 1700-1760）になると改革的な性格さえ帯びてきている。敬虔主義というとイギリスのクエーカー運動のような静寂主義と考えられやすいが、実際は激しい改革運動となっている。

わたしたちの心の働きは「霊性」・「理性」・「感性」に分けられるが、ヨーロッパ文化の特質は一般的にいって、「霊性」と「理性」との激しい対決に求めることができる。「日本的霊性」（鈴木大拙）にはこの対決がないために、霊性が文化的に孤立している。それに対してわたしたちには、絶えざる科学との交渉と対決を通して「霊性」を確立すべき使命が与えられているのではなかろうか。

（『聖学院大学総合研究所 Newsletter』Vol. 13, No. 1, 2003）

注記

第1講

（1）テニスン『イン・メモリアム』入江直祐訳、岩波書店、一九三四年、一三頁。（以下、引用文中の旧字体は新字体に変更）
（2）親鸞『歎異抄』、梅原猛校注・現代語訳、講談社、一九七二年、一三―一四頁参照。
（3）「法然上人の和歌」、湛澄編『空華和歌集』、新纂浄土宗大辞典（jodoshuzensho.jp）参照。
（4）谷知子、平野多恵 校注『秋篠月清集／明恵上人歌集』和歌文学大系60、明治書院、二〇一三年、三〇九頁。（平仮名に変更）

第2講

（5）R・L・ハウ『対話の奇跡』松本昌子訳、ヨルダン社、一九七〇年、八八頁以下。
（6）H・R・ニーバー『責任を負う自己』小原信訳、新教出版社、一九六七年、参照。
（7）ボイテンディク『人間と動物』浜中淑彦訳、みすず書房、一九七〇年、一四六頁。
（8）同上。
（9）同、一七五頁。

(10) 同、一七六頁。
(11) たとえば、ぬいぐるみを抱いている子どもを参照。
(12) マルティン・ブーバー「我と汝」、『対話的原理Ⅰ』田口義弘訳、ブーバー著作集1、みすず書房、一九六七年、四〇頁。（傍点訳書）
(13) Hans-Georg Gadamer, Mensch und Sprache, in *Kleine Schriften* I (J.C.B. Mohr, 1967), 93ff.
(14) シェイクスピア『アントニーとクレオパトラ』福田恆存訳、新潮社、一九七二年、一〇頁。
(15) ゲーテ『詩と真実』改版、小牧健夫訳、岩波書店、一九四九年、二一八—二一九頁。（現代仮名遣いに変更）
(16) マルティン・ブーバー「人間の間柄の諸要素」、『対話的原理Ⅱ』佐藤吉昭、佐藤令子訳、ブーバー著作集2、みすず書房、一九六八年、一一三頁。
(17) ゲエテ『タッソオ』実吉捷郎訳、岩波書店、一九五〇年、二六、九五頁。
(18) ブーバー「我と汝」、『対話的原理Ⅰ』、一四六頁。
(19) 丸山真男『日本の思想』岩波書店、一九六一年、六頁。
(20) カルル・レーヴィット『ヨーロッパのニヒリズム』柴田治三郎訳、筑摩書房、一九七四年、一一九頁。
(21) 和辻哲郎『倫理学』上巻（改版）、岩波書店、一九六五年、三三五—三三六頁。
(22) 森有正『経験と思想』岩波書店、一九七七年、九五—九六頁。

（23）ブーバー「我と汝」、『対話的原理Ⅰ』、一〇三頁。

第3講

（24）浅田淳一「ルソーの社会理論の現代的意味――欲望の爆発は回避できるか?」、『文化と哲学』21、静岡大学哲学会、二〇〇四年。
（25）カント『純粋理性批判』、I先験的原理論の第二部門「先験的論理学」緒言。カント『純粋理性批判』上、篠田英雄訳、岩波書店、一九六一年、一二四頁参照。
（26）ゲーテ『西東詩集』小牧健夫訳、岩波書店、一九六二年、六八頁。
（27）シェーラー「愛の秩序」平木幸二郎訳、飯島宗享、小倉志祥、吉沢伝三郎編『社会学および世界観学論集』下、シェーラー著作集10、白水社、一九七八年、二四三頁。
（28）同上。
（29）シェーラー『倫理学における形式主義と実質的価値倫理学』上、吉沢伝三郎訳、飯島宗享、小倉志祥、吉沢伝三郎編、シェーラー著作集1、白水社、一九七六年、一七六頁。
（30）アウグスティヌス『告白』上、服部英次郎訳、岩波書店、一九七六年改訳版、四五頁。
（31）ホフマンスタール「塔」第四幕、岩淵達治訳、『世界文学全集81』講談社、一九七六年、一九七頁参照。

(32)レーヴィット『人間存在の倫理』佐々木一義訳、理想社、一九六七年、二七九頁参照。

第4講

(33)伊藤整「近代日本における『愛』の虚偽」(『思想』、一九五八年)、『近代日本人の発想の諸形式』岩波書店、一九八一年、一四八—一四九頁。

第5講

(34)アウグスティヌス『神の国』第一五巻第二二章。『神の国』下、泉治典ほか訳、キリスト教古典叢書、教文館、二〇一四年、一一五頁。

(35)パスカル『パンセ』L298, B283。パスカル『パンセ』前田陽一、由木康訳、中央公論新社、一九七三年、一九〇頁参照。

(36)ゲーテ『西東詩集』、六八頁参照。

(37)本書の第3講と内容的に重なるのでここでは省略する。

(38)マルティン・ルター『キリスト者の自由』石原謙訳、岩波書店、一九五五年、四七頁。
(39)M・ブーバー『人間とは何か』児島洋訳、実存主義叢書2、理想社、一九六一年、一七七頁。
(40)シェーラー「人間の理念に寄せて」林田新二、新畑耕作訳、飯島宗享、小倉志祥、吉沢伝三郎編『価値の転倒』上、シェーラー著作集4、白水社、一九七七年、二八八頁。
(41)G・ジンメル『社会学の根本問題――個人と社会』阿閉吉男訳、社会思想社、一九六六年、第一章、とくに二二―二九頁を参照。
(42)同、二六頁。
(43)マルティン・ブーバー「人間の間柄の諸要素」、『対話的原理Ⅱ』佐藤吉昭、佐藤令子訳、ブーバー著作集2、みすず書房、一九六八年、八九頁。
(44)同上書参照。なお、金子晴勇『対話的思考』創文社、一九七六年、七八―八一頁にその要約を示した。
(45)ゲエテ『タッソオ』実吉捷郎訳、岩波書店、一九五〇年、二六、九五頁。
(46)オウィディウス『変身物語』下、中村善也訳、岩波書店、一九八四年、一一六頁。

（47）同、一一七頁。

（48）以上、同、一一七―一一八頁。

第7講

（49）WA. 8, 573. Martin Luther, *Werke, Kritische Gesamtausgabe*, Weimar, 1883ff. WA＝ワイマル版ルター全集

（50）WA. 7, 838.

（51）WA. 40, II, 496.

（52）一九九八年のＷＨＯ執行理事会（総会の下部機関）において、ＷＨＯ憲章全体の見直し作業のなかで、「健康」の定義を「完全な肉体的(physical)、精神的(mental)、Spiritual及び社会的(social)福祉のDynamicな状態であり、単に疾病又は病弱の存在しないことではない。」と改める（下線部追加）ことが議論された。厚生労働省「ＷＨＯ憲章における「健康」の定義の改正案について」、<https://www.mhlw.go.jp/www1/houdou/1103/h0319-1_6.html>を参照（二〇二一年八月八日、アクセス確認）。

第8講

(53) Augutinus, *De libero arbitrio*, III, 3, 7.
(54) Aristoteles, *Physica*, III, 2, 202a 10.
(55) M・ブーバー『人間とは何か』児島洋訳、実存主義叢書2、理想社、一九六一年、二四―二九頁参照。
(56) Augustinus, *Confessiones*, IV, 4, 9.
(57) Augustinus, ibid., IV, 14, 22.
(58) カント「人倫の形而上学の基礎づけ」野田又夫訳、『カント』世界の名著32、中央公論社、一九七二年、二八六頁。
(59) Pico della Mirandolla, *De hominis dignitate*, ed. Garin, (Vallecchi, 1942), 106. (ジョヴァンニ・ピコ・デッラ・ミランドラ『人間の尊厳について』大出哲ほか訳、国文社、一九八五年)
(60) カント『人倫の形而上学の基礎づけ』、二七八頁。
(61) カント『啓蒙とは何か』改訳、篠田英雄訳、岩波書店、一九七四年、七―八頁。
(62) カント『人倫の形而上学の基礎づけ』、二九九頁。

(63) カントは理性的自律を確立するにあたって神学から独立し、人間自身に即して考察している。こうして、ライプニッツに至るまで神学を前提となし、また少なくとも神学を含めて哲学を確立し、意志学説の上でも神律的に自由意志を把握しようとしてきた西欧の伝統からカントは訣別しようと努めているといえよう。

(64) カント『宗教論』飯島宗享、宇都宮芳明訳、カント全集9、理想社、一九七四年、五七―五八頁。

(65) ヘルマンやカール・ホルのルター解釈はこの点を強調している。

(66) カントとルソーの宗教論については、E・カッシーラー『十八世紀の精神――ルソーとカントそしてゲーテ』原好男訳、思索社、一九七九年、七七―九〇参照。

(67) カント『実践理性批判』波多野精一、宮本和吉、篠田英雄訳、岩波書店、一九七九年、一八一頁、二六三頁参照。

(68) 同上、一八一頁(傍点は訳書による)、二六三頁参照。

(69) カント『人倫の形而上学の基礎づけ』、二七四頁を参照。

(70) カント『宗教論』、一四三頁を参照。

(71) D. Erasmus, *Ausgewählte Schriften*, Bd. IV, *De libero arbitrio, diatribe sive collatio*, IV, 16.

(72) P. Tillich, *Theonomie*, RGG. 2Auf., Bd.5, Sp. 1128.

(73) F. Gogarten, *Der Mensch zwischen Gott und Welt* (Friedrich Vorwerk, 1956), 108.

(74)パウル・ティリッヒ「キリスト教思想史　2宗教改革から現代まで」佐藤敏夫訳、白水社、一九八〇年、『ティリッヒ著作集』別巻3、四二頁。

(75)キルケゴール「不安の概念」田淵義三郎訳、枡田啓三郎責任編集『キルケゴール』世界の名著40、中央公論社、一九六六年、二五九―二六〇頁参照。

(76)ヘーゲル『理性の復権――フィヒテとシェリングの哲学体系の差異』山口祐弘、星野勉、山田忠彰訳、アンヴィエル、一九八二年、八五頁を参照。

(77)ピーター・L・バーガー『異端の時代――現代における宗教の可能性』薗田稔、金井新二訳、新曜社、一九八七年、三一五頁。

(78)各人が各様の、一人として同じでない、多種多様な関係と資質とのなかに置かれている現実に注目するならば、この所与といえどもいかに相対的であり、偶然的なものに満ちているかがわかるであろう。わたしたちはこの多種多様な関係と資質とを運命的な必然性とみなすよりも、それを用いて各人が自由に自己を形成してゆく素材と考えたほうがはるかに有益である。素質と才能また資質の多様性は相違する特性のゆえに特定の役割を分担し、この役割分担を通して相互の社会的関係を強固にすることができる。

(79)金子晴勇『ヨーロッパ人間学の歴史』知泉書館、二〇〇八年、三四九頁、同『現代ヨーロッパの人間学』知泉書館、二〇一〇年、八一頁を参照。

(80)自由は行為的な愛のなかにあって、具体性を欠いた自由は単なる空想の産物にすぎず、その姿が美しければ美しいほど幻想的となって、わたしたちを欺くことが大である。家出する青年たちの多くはこうした幻想を抱きやすく、その結果たるや火を見るよりも明らかである。

(81) Augustinus, Epistola, 157, 2, 8.

(82) Augustinus, Contra duas epist., Pelag., III, 24.『ペラギウス派の二書簡駁論』畑宏枝訳、『アウグスティヌス著作集』29、教文館、一九九九年、四〇八頁参照。

(83) アウグスティヌス『神の国』第一二巻第一章、三節。『神の国』下、金子晴勇ほか訳、キリスト教古典叢書、教文館、二〇一四年、五八七頁。

第9講

(84) この力を受けて発動する霊性は神と悪魔とのデーモン的な闘争の場裡に巻き込まれることもしばしば起こってくる。こういうデーモン的な力との偶然の出合いは人間を破壊することにもなるし、神の愛によって再生をもたらすこともある。ルターの宗教経験をこの観点から再考する必要がある。金子晴勇『ルターの宗教思想』日本基督教団出版局、一九八一年所収の「神と悪魔」(第5章)と「生と死」(第6章)、および、Heiko A. Obeman, *Luther: Mensch zwischen Gott und Teufel* (Severin und Siedler, 1982) 参照。

(85) ピーター・バーガー『天使のうわさ——現代における神の再発見』荒井俊次訳、ヨルダン社、一九八二年、一一一—一三一頁を参照。

(86) ガブリエル・マルセル「希望の現象学と形而上学に関する草案」、『旅する人間』山崎庸一郎ほか訳、春秋社、マルセル著作集4、一九六八年。

(87) バーガー『天使のうわさ』、一四七—一四八頁。

(88) World Health Organization: The Spiritual Dimension in the Global Strategy for Health for All by the Year 2000. Thirty - Seventh World Health Assembly : Resolutions WHA 37. 13. 1984.

(89) WA. 7, 551, 19ff.

(90) タウラーにおいても「荒野という〈根底〉で呼びかけて、すべてをよりよい方向に導く愛すべき声に従おうとする場合」(Johannes Tauler, *Predigten*, übertragen und herausgegeben von G. Hofman, (Herder, 196l), 336) とある。

(91) WA. 7, 55l, 6ff.

(92) Ibid., 551, 28ff.

(93) カントはカテゴリーの不当な適用から生じている従来の形而上学を批判する。そこには、ないのに在るかのように思わせる「仮象の論理学」が働いている。カントにとって「理性」は「推理」の機能である。推理は既知の命題から未知の命題を導き出す作用である。それは悟性によって得られた多様なる認識を統一し、知識の体系を造る働きである。その統一作用のために用いられているのが「理念」（イデー）であり、従来の形而上学は理念として「神・自由・不死」の三者を立ててきた。カントはこのイデーの道具的使用の誤りを指摘し、それを統制的に使用すべきことを説いた。ここにカントの伝統的形而上学の批判と彼自身の認識の形而上学が展開する。

（94）WA. 8, 573.
（95）WA. 56, 322.
（96）WA. 40, II, 496.
（97）WA. 40, I, 287.
（98）Ibid., 281.
（99）WA. 18, 633.

第10講

（100）歴史家ドーソン（C. H. Dawson, 1889-1970）は、ギリシア・ローマの古典文化、キリスト教、ゲルマン民族という三つの要素の融合によりヨーロッパが文化的生命体として形成されたことを強調している。
（101）鈴木大拙『日本的霊性』岩波書店、一九七二年、二〇頁。

(102)同、四三―四五頁。
(103)同、一六―一八頁。
(104)西田幾多郎「場所的論理と宗教的世界観」、上田閑照編『自覚について 他四篇』西田幾多郎哲学論集Ⅲ、岩波書店、一九八九年、三四八―三四九頁。
(105)この点を詳論したのが金子晴勇『ヨーロッパ人間学の歴史』知泉書館、二〇〇八年と『現代ヨーロッパの人間学』知泉書館、二〇一〇年である。
(106)西谷啓治『宗教とは何か』創文社、一九六一年、二二頁。(現代仮名遣いに変更)
(107)WA. 7, 551, 19ff.
(108)WA. 7, 26, 4ff.
(109)それに反し一五世紀の神秘主義者ジェルソンによると、「神が霊であり、類似が合一の原因であるがゆえに、清められ洗われた理性的な霊がどうして神の霊と合一するかは明らかである。なぜなら、神に似たものにされることは確かであるから」と説かれた。一般的には義なるキリストと清い魂とが類似性のゆえに合一すると理解されるのに対し、ルターはこの対応関係を「逆対応」の関係として捉えた。
(110)「どうか、平和の神ご自身が、あなたがたを全くきよめて下さるように。また、あなたがたの霊と心とからだとを完全に守って、わたしたちの主イエス・キリストの来臨のときに、責められるところのない者にして下さるように」(テサロニケ人への第一の手紙五・二三、口語訳聖書)。
(111) P・シェルドレイク『キリスト教霊性の歴史』木寺廉太訳、教文館、二〇一〇年。
(112) パスカル『パンセ』L110, B282。パスカル『パンセ』一八八―一八九頁。「だが、宗教を持たない人たちに対しては、われわれは推理によってしか与えることができない。それも、神が彼らに心情の直感によってお与えになるのを待っているあいだのことなのであって、このことがなければ信仰は、人間的なものであるのにとどまり、魂の救いのためには無益である」(一八九頁)。
(113) パスカル『パンセ』L424, B278。同、一八七頁。
(114) パスカル『パンセ』L188, B267。同、一八三頁。
(115) この現実が与えている理由は、論理的理性にとってどのように不可解に映じていても、真であり、事実に合致しており、事実の理由を明らかにしている。聖書の啓示はこのような事実に立っているが、人間的実存の現実にもこのような理由が多く存在している。
(116) WA. 57, 31, 19.「神の活動はわたしたちの受動である」。
(117) アウグスティヌス『真の宗教』三九・七二。『アウグスティヌス著作集第2巻(初期哲学論集2)』茂泉昭男訳、教文館、一九七九年、三五九頁参照。
(118) キルケゴール『死にいたる病』枡田啓三郎訳、『キルケゴール』世界の名著51、中央公論社、一九七九年、四三五頁。

(119) 同、四七四頁

(120) 詳しくは、金子晴勇『人間学講義——現象学的人間学をめざして』知泉書館、二〇〇三年、一二七—一三一頁参照。

(121) 金子晴勇『エラスムスとルター——一六世紀宗教改革の二つの道』聖学院大学出版会、二〇〇二年、二〇七頁以下を参照。

(122) Joachim Wach, *Vergleichende Religionsforschung* (W. Kohlhammer, 1962), 55-61.

(123) W・ジェイムズ『宗教的経験の諸相』上、桝田啓三郎訳、岩波書店、一九六九年、三八頁参照。

(124) マイスター・エックハルト「ドイツ語説教集」植田兼義訳、『エックハルトI』キリスト教神秘主義著作集第6巻、教文館、一九八九年、一四四頁参照。

(125) この点に関してはアウグスティヌスのカリタス説が典型となっている。金子晴勇『愛の思想史——愛の類型と秩序の思想史』知泉書館、二〇〇三年、四七頁参照。

(126) フランクルはフロイトとシェーラーの人間学の影響なしには考えられない。フランクルの書斎にはシェーラーとフロイトの写真が並べてかけられていた。ここに「フランクルの人間学の系譜」が見いだされる。しかし精神分析は人間の自我が、エスだけによって駆りたてられるとは考えない(フランクル『精神医学的人間像』宮本忠雄、小田晋訳、『フランクル著作集6』みすず書房、一九六一年、一二九頁参照)。

(127) フランクル『識られざる神』佐野利勝、木村敏訳、『フランクル著作集7』みすず書房、一九六二年、一七二―一七三頁。続けてこういわれる。「ことに構神療法にとってはこの喚起は欠くことのできないものであり、したがって私はこのことを第二の、精神療法の信条と名づけたのです。つまりそれは、人間の中にある精神的なものがいかなる制約のもとでも、またいかなる事情のなかでも、人間に付随した心身から身を引き離し、みずからと心身との間に実り豊かな距離を置くことができるという、この精神の能力に対する信念なのです」。(傍点訳書)

(128) 彼は言う、「皆さん、私は、臨床医として、真の人間像を証言しようと試みてきました。私は、制約されているだけではなく、無制約でもある人間、身体的存在や心的存在である以上の人間、精神的で自由で責任ある人間について証言しようと試みてきたのでありますす」と。ヴィクトール・E・フランクル『制約されざる人間』山田邦男監訳、春秋社、二〇〇〇年、二五二頁。

(129) フランクル『識られざる神』、一七五頁。

(130) フランクル『精神医学的人間像』、八八―八九頁。

(131) ヴァイツゼッカー「医学的人間学の根本問題」、『医学的人間学とは何か?』青木茂、滝口直彦訳、知泉書館、二〇〇六年参照。

(132) V・v・ヴァイツゼッカー『病因論研究――心身相関の医学』木村敏、大原貢訳、講談社、

一九九四年、一四六―一四七頁。（〔 〕内は訳書による）

(133) 同、一四八―一四九頁。

(134) ここでいう「概念規定」というのは引用にある「身体・心・精神」という人間学的三分法である。しかし彼は医者としてそれを示唆するにとどめている。しかし三分法の意義が指摘されていることを看過すべきではない。

(135) Max Scheler, *Vom Ewigen im Menschen* (Francke, 1968), 263. シェーラー『人間における永遠なるもの』下、亀井裕ほか訳、飯島宗享、小倉志祥、吉沢伝三郎編、シェーラー著作集7、白水社、一九七八年、二八一頁。

(136) Ibid., 262. 同、二七九頁参照。訳書では、有限的な財に「うつつを抜かしている」。

(137) マックス・シェーラー『ルサンティマン――愛憎の現象学と文化病理学』津田淳訳、北望社、一九七二年、二四頁。こうした人間類型は身分が固定されていた古代や中世にはあらわれず、自由な競争体系からなる近代社会において顕著にあらわれる。そこでは自他の価値が絶えず比較され、今日の競争社会に通弊となっているように、常に他人を凌駕することが人生の目標であり課題となる。

(138) 同、二二二頁。

第11講

(139) 夏目漱石『こころ』岩波書店、一九八九年改版、二五〇頁。
(140) 同、二五〇―二五一頁。
(141) 同、二五一頁。

第12講

(142) ソポクレス『コロノスのオイディプス』高津春繁訳、岩波書店、一九七三年、七二―七三頁。

あとがき

本書は、わたしが聖学院大学に勤めていたころ大学の要請に応じて学生に語った講演と研修会の発題などを集めたものである。もちろん聖学院大学だけではなく、女子聖学院高等学校やその他の大学での講演も少し加えられている。第Ⅱ部の短文のエッセイも大学図書館等の要請に応じたものである。

わたしは聖学院大学でかなり長い期間にわたって教育に携わることが許された。その前半は人文学部の教授として欧米文化学科の講義を担当し、後半は大学院の客員教授として勤務してきた。その間に学生や院生の方々と教室の外でも親密な交わりをもつことができ、大教室やチャペルでの講演や講話をも喜んで担当してきた。

このようなときに話したことを、最近は歳の所為か想起することが多くなった。「青年は未来を語り、老人は昔を想起する」と昔からいわれていたことが近頃は自分にも痛切に感じられる。そこで昔を想起するようすがともなるかもしれないと考え、聖学院大学出版会の出版企画募集に応じることにした。出版会会長である清水正之学長・理事長はじめ出版を許可してくださった関係各位に感謝したい。なお当時一緒に教育に携わった同僚諸君や宗教部・図書館と事務局関係の方々のことも同時に想起しており、大学のいっそうの発展を切望している。

出版にあたっては、本書を担当してくださった菊池美紀さんと校正の任に当たってくださった花岡和加子さんにはそのご労苦に対して心から感謝申し上げる。

また、学生諸君に親しく語ったものであるから、本書が今日の学生諸君の精神的な成長に少しでも役立つことを願ってやまない。

二〇二一年七月一〇日

金子　晴勇

著者紹介

金子 晴勇（かねこ　はるお）

1932年生まれ。京都大学大学院文学研究科博士課程修了。

現在、岡山大学名誉教授、聖学院大学総合研究所名誉教授。

文学博士（京都大学）。

【著書】『ルターの人間学』、『アウグスティヌスの人間学』、『近代自由思想の源流』、『マックス・シェーラーの人間学』、『ルターとドイツ神秘主義』、『近代人の宿命とキリスト教』、『エラスムスとルター』、『アウグスティヌスの恩恵論』、『ヨーロッパ人間学の歴史』、『キリスト教人間学入門』、『ヨーロッパ思想史』ほか多数。

【訳書】エラスムス『エンキリディオン』、『対話集』、ベルナール『雅歌の説教』、ルター『生と死の講話』、『神学討論集』、『主よあわれみたまえ――詩編51編の講解』、アウグスティヌス『ペラギウス派駁論集（１）、（２）、（３）、（４）』、『ドナティスト駁論集』、『ヨハネによる福音書講解説教（２）』、『書簡集（１）、（２）』、『詩篇注解４』（共訳）、『神の国（上・下）』（共訳）、C.N. コックレン『キリスト教と古典文化』ほか。

ヨーロッパ文化《ぶんか》と日本文化《にほんぶんか》
—— 人間《にんげん》の自己理解《じこりかい》から学《まな》ぶ ——

2021年12月１日　　初版第１刷発行

著　者　　金　子　晴　勇
発行者　　清　水　正　之
発行所　　聖学院大学出版会
〒362-8585　埼玉県上尾市戸崎１－１
TEL 048-725-9801　FAX 048-725-0324
E-mail: press@seigakuin-univ.ac.jp
HP: https://www.seigpress.jp/
印　刷　　株式会社堀内印刷所

ISBN 978-4-909891-10-5　C0212

◆聖学院大学出版会の本◆

〈Veritas Books〉
阿久戸光晴 著
専制と偏狭を永遠に除去するために
——主権者であるあなたへ

権力の前に立って、存在の尊厳のもとに「真に畏れる」心を持つ者にこそ、「畏れる必要のないものを恐れない」心が与えられる。主権者教育の重要性が今こそ認識されるべき時である。基本的人権、国民主権、地方自治、日本国憲法の意義を語り、真の自由の行使を呼びかける。国際関係、国家と個人、価値、人権、教育、社会形成の各章にまとめられた27の提言（『聖学院大学総合研究所紀要』29〜57号巻頭言と講演他より）。

新書判並製　１７６０円（10％税込）
ISBN978-4-907113-14-8（2015）

金子晴勇・平山正実 編著
愛に生きた証人たち
——聖書に学ぶ

「愛は多様な人間関係の中に生きて働く生命である。この愛という活動的な生命を理解するためには単なる心理学的な説明や学問的な解説では何ら役に立たないと言わねばならない。そこで生命を証する『証言』が果たす重要な役割が認められよう。事実、聖書はこのような愛に生きた証人たちによって満たされている」（序文より）。旧約聖書、新約聖書から愛に生きた人々の生き様を語る。

A５判上製　２６４０円（10％税込）
ISBN978-4-915832-82-6（2009）

聖学院大学研究叢書3

金子晴勇 著

エラスムスとルター

——一六世紀宗教改革の二つの道

A5判上製　6380円（10%税込）
ISBN978-4-915832-50-5（2002）

自由意志の問題は、古代から中世、近代にかけて、アウグスティヌスとペラギウス、エラスムスとルター、ジェズイットとポール・ロワイヤルの思想家たち、さらにピエール・ベールとライプニッツなどの間で激烈な論争が繰り広げられた哲学と神学の重要主題であった。本書では自由意志と奴隷意志論争を焦点に、ルネサンスと宗教改革という二つの精神上の運動を述べる。

金子晴勇 著

近代人の宿命とキリスト教

——世俗化の人間学的考察

四六判上製　3300円（10%税込）
ISBN978-4-915832-46-8（2001）

本書は、近代社会における宗教の衰退、あるいは宗教の個人化という「世俗化」現象を分析し、解明してきた宗教社会学の成果を批判的に吟味し、また現代の諸科学における「世俗化」の理解をとりあげながら、人間学的な観点から「世俗化」現象を考察する。宗教社会学・諸科学では欠落させてしまう人間の霊性に考察の光をあて、現代において人間的精神を回復させる宗教の意味を論じる。

菊地　順　編著

永遠の言葉〈キリスト教概論〉

本書は、永遠の言（ことば）であるイエス・キリストを、特に若い人たちに知ってもらいたいとの思いで書かれている。現代は、あらためて触れるまでもなく、世界全体がますます緊密化し、多種多様な情報があふれ、価値観が多様化し、多くの豊かさを経験する一方で、国家や民族や個人において深刻な問題や対立に直面している。そうしたなか、あらためて問われ、また求められているのが、人間としての真実の生き方、そして、救いではないだろうか。

Ａ５判並製　２６４０円（10％税込）
ISBN978-4-909022-82-0（2018）

窪寺俊之　著

スピリチュアルケア研究
――基礎の構築から実践へ

聖学院大学総合研究所スピリチュアルケア研究室は臨床現場から浮かび上がるテーマを学問にする努力を積み重ねてきた。この論文集は、日常のケア現場で直面する課題に解答を見つけ出そうとした試みである。著者が臨床体験から創り出したスピリチュアルヒストリー法である〈「信望愛」法〉を紹介している。

Ａ５判上製　５２８０円（10％税込）
ISBN978-4-909022-78-3（2017）

シリーズ〈スピリチュアルケアを学ぶ〉

窪寺俊之 編著

1・癒やしを求める魂の渇き
――スピリチュアリティとは何か
Ａ５判並製　１９８０円（10%税込）
ISBN978-4-915832-90-1（2011）

2・スピリチュアルペインに向き合う
――こころの安寧を求めて
Ａ５判並製　２４２０円（10%税込）
ISBN978-4-915832-94-9（2011）

3・スピリチュアルコミュニケーション
――生きる希望と尊厳を支える
Ａ５判並製　２４２０円（10%税込）
ISBN978-4-907113-02-5（2013）

4・スピリチュアルケアの実現に向けて
――「第18回日本臨床死生学会大会」の取り組み
Ａ５判並製　２５３０円（10%税込）
ISBN978-4-907113-05-6（2013）

5・愛に基づくスピリチュアルケア
――意味と関係の再構築を支える
Ａ５判並製　２５３０円（10%税込）
ISBN978-4-907113-10-0（2014）

6・スピリチュアルケアの心
――いのちを育む力・委ねる力
Ａ５判並製　２５３０円（10%税込）
ISBN978-4-907113-18-6（2016）

7・スピリチュアルな存在として
――人間観・価値観の問い直し
Ａ５判並製　２５３０円（10%税込）
ISBN978-4-907113-19-3（2016）

ラインホールド・ニーバー 著／髙橋義文・柳田洋夫 訳

人間の本性
——キリスト教的人間解釈

A5判上製　4070円（10%税込）
ISBN978-4-909022-99-8（2019）

二十世紀アメリカを代表する神学者で政治思想家ラインホールド・ニーバーの主著『人間の本性と運命』第Ⅰ巻（*The Nature and Destiny of Man*, Vol. I: *Human Nature*（New York: Charles Scribner's Sons, 1941））の半世紀ぶりになされた最新訳。人間をめぐる、自然と精神、時間と永遠、破壊性と創造性、罪人と神の像、原罪と原初的義などの弁証法的性格を、古今の多様な思想との対話を通して浮き彫りにし、その現代的意義を訴える。『人間の運命』と対をなすニーバー人間学の粋。

ラインホールド・ニーバー 著／髙橋義文・柳田洋夫 訳

人間の運命
——キリスト教的歴史解釈

A5判上製　4070円（10%税込）
ISBN978-4-907113-22-3（2017）

ラインホールド・ニーバー『人間の本性と運命』第Ⅱ巻（*The Nature and Destiny of Man*, Vol. II: *Human Destiny*（New York: Charles Scribner's Sons, 1943））の全訳。ニーバーの代表作の本邦初訳。歴史の本質的性格とその意味を、古代から近代に至るさまざまな思想と対話しつつ、キリスト教の視点に立って新たな解釈を試みている。歴史の限界をえぐり出すとともに、それを超える意味に目を向けながら、キリスト教的歴史観の現代における意義を訴える。

土方 透 編著

世界社会の宗教的コミュニケーション
――共鳴の醸成

四六判並製　3520円（10％税込）
ISBN978-4-909891-04-4（2020）

人はそれぞれ何か唯一のものを信じている。相対性も絶対的に、多様性も一元的に主張する。唯一の神が複数存在し、そのなかで人々がうごめく世界社会。誰もが共存を欲し、しかし自己の優越性は疑わない。包摂に逆らうものは排除され、寛容に抗うものは容赦されない。共有や通底、共同の感情形成は望めなくとも、せめて共鳴は可能か。宗教が拓く世界社会のコミュニケーションを論じていく。

土方 透 編著

現代社会におけるポスト合理性の問題
――マックス・ヴェーバーの遺したもの

四六判上製　3520円（10％税込）
ISBN978-4-915832-96-3（2012）

本書は「ポスト合理性」＝「合理性をはみだしたもの」を問題にする。近代は「宗教」と「科学」との相克のなかで合理性を展開してきた。近年、そうした合理性には収まりきれないさまざまな表象が、ある魅力をもって喧伝されている。それは近代が失ったものなのか、あるいはポスト近代の徴候なのか。マックス・ヴェーバーの理論に定位しつつ、「ポスト合理性」を浮き彫りにすることを試みた書。K・アッハム、J・ヴァイスによる二つの論考、それに対する姜尚中、細見和之、荒川敏彦、土方透によるコメントとリプライ、さらにコメンテータによる三本の論考が収められている。